選舉教戰手冊

介紹選舉步驟　傳授選戰技巧

李學華◎著

序

馬英九

　　「超然公正，依法行政」，向為選舉單位奉為圭臬，亦為選務人員所堅持之原則。所謂超然公正，個人認為應係「超然於政黨之外，公正於各候選人之間」，一切選務之推展，均本「依法行政」原則，自然能夠事半功倍，順利圓滿。

　　臺北市選務人員，歷經二十餘年心血點滴累積，所辦理之歷次選舉，早有口碑，選民對於選舉委員會之公正性，亦深信不疑，此皆為全體選務同仁努力結果，本人忝兼主任委員乙職，與有榮焉。

　　同僚學華兄於退休後，將其參與選務工作數十年之經驗及心得，彙輯成書，命名為《選舉教戰手冊》，區分為「選舉前」、「選舉中」、「選舉後」三大步驟，即所謂「選舉三部曲」，主要內容包括選舉過程及步驟，可提供參選者足夠資訊，從事有關選戰規劃、準備、佈局、運用等作業，殊值參考，將其視為參選之工具書，亦不為過。

　　臺灣歷經五十年地方自治選舉，民主政治已臻成熟，然因法治觀念不足，亦產生不少流弊，諸如賄選時有所聞、黑金甚囂塵上、選舉暴力日益猖獗等惡質選風，甚且民主政治所賴以維繫之民意、法治、責任亦湮沒不彰，亟待全體國人共同努力導正，唯有候選人及選民之民主素養全面提昇，我國民主品質方能改善，選賢舉能的目標，方能早日達成，願藉本書之發行，與國人共勉！

自　序

　　中華民國臺澎金馬自由地區，於三十九年開始推行地方自治，制定公職人員選舉辦法，辦理各種公職人員選舉，層級包括最基層的村里長，最高層的總統、副總統選舉，次數之多，不勝枚舉。為我國政治史，開劃時代創舉，也為我國憲政體制，樹立嶄新典範，更為我國民主政治，奠定堅實基礎。使孔子「以民為本」，及孟子「民為貴、社稷次之，君為輕」的政治哲學思想與理念，能在我們手中，得以付諸實現，並加發揚光大，您我有幸參與，深感與有榮焉。

　　學者專家在選舉方面，出書甚多，但均偏重在選舉策略及技巧方面，而在選舉實務部分，至今尚無出版品問世，使初次欲參選者，朦朧不知從何著手進行，如何從事選舉活動，無法真正瞭解參與選戰過程、步驟及內涵，無謂浪費不少精神、時間、金錢，結果不僅白忙一場，甚至勞命傷財，其挫折與無奈，可想而知。

　　基於幫助弱勢心情，於是啟發寫作構想，願將個人心得與經驗，全都傾囊相授，期以具體明確方式，介紹選舉步驟，傳授選戰技巧，讓每位有志者，縱然初次參選，在無經驗，乏經費，缺資源的困境下，也能從容披掛上陣，輕鬆參與選戰，若能加上天時、地利、人和等客觀條件配合，更能一舉贏得勝選，達成從政願望，施展個人抱負，豈不是自我人生中一大樂事也。

　　過去擔任公務員期間，作者一直從事選務工作，各種公職人員選舉無役不與，對於選戰進行過程、步驟、內涵等實務方面，自認有其獨到經驗，如今願將心得寫成專書，命名「選舉教戰手冊」，為政黨、政團或候選人，提供足夠資訊，使我國選舉過程及步驟，全面達到公開化，透明化，合理化要求，早日實現「選賢與能」理想。

　　《選舉教戰手冊》內容，共計七大單元，但就選戰步驟及技巧而言，以第三單元為核心，也是全書精華所在，主要重點分為「選舉前」、「選舉中」、「選舉後」三大步驟，即所謂「選舉三部曲」，包括每一階段工作項目、內涵、要領、步驟、方法，保證結構精心，內容充實，舉凡八萬餘字，不僅為一本選舉必備參考資料，也是選戰不可或缺的工具書，謹此推薦，敬請批評指教。

李膺篤

序於新店綠野香坡

民國 94 年 1 月 27 日

目　錄

序..馬英九　3

自　序..5

第一單元　公開選戰資訊　追求機會均等................11

第二單元　必須有所體認　避免後悔莫及................15

第三單元　懂得參選技巧　掌握選戰優勢................19

　　第一步驟　選舉前——選戰準備階段................21

　　　第一篇　了解公職種類　選擇最佳機會............22

　　　第二篇　選區名額選票　可供評估參考............24

　　　第三篇　熱心公益活動　藉機發掘選民............108

　　　第四篇　參與公職選舉　仍有限制門檻............110

　　　第五篇　居住期間計算　一日也不可少............112

　　　第六篇　尋求政黨奧援　避免單打獨鬥............114

　　　第七篇　厚植選戰經費　多方開闢財源............115

　　　第八篇　籌組競選團隊　推動競選計畫............120

　　　第九篇　設立競選總部　宣示參選決心............122

　　　第十篇　爭取政黨提名　減輕個人負擔............126

　　　第十一篇　準備所需證件　保證高枕無憂..........128

　　　第十二篇　爭取選民支持　必須推銷自己..........136

　　　第十三篇　培養種子隊伍　發揮燎原作用..........138

　　第二步驟　選舉中——攻擊發起階段................140

　　　第一篇　掌握選舉公告　了解選舉動態............141

　　　第二篇　蒐集選舉資訊　方可知己知彼............143

第三篇　參與總統選舉　非推薦即連署............ 144

第四篇　取得參選資格　必須完成登記............ 147

第五篇　配合選舉程序　掌握選舉步調............ 155

第六篇　訂定競選主軸　強化宣傳號召............ 156

第七篇　提出競選政見　爭取選民認同............ 158

第八篇　製作競選文宣　發揮宣傳效果............ 160

第九篇　佈置競選文宣　選擇適當地點............ 162

第十篇　洽借競選場地　提前做好準備............ 163

第十一篇　舉辦問政說明　傳達參選抱負............ 165

第十二篇　製作競選服飾　表現團隊精神............ 169

第十三篇　運用宣傳車輛　擴大宣傳效果............ 170

第十四篇　舉辦募款活動　籌財源拉選票............ 172

第十五篇　推薦監察人員　參與投票作業............ 173

第十六篇　舉辦造勢活動　拉抬選戰聲勢............ 175

第十七篇　舉辦拜票活動　全面拓展票源............ 178

第十八篇　公辦政見發表　增加曝光機率............ 180

第十九篇　維持競選活力　需要懂得訣竅............ 182

第二十篇　分送競選文宣　必需運用技巧............ 183

第二十一篇　跟隨音樂起舞　必然中計摔倒............ 185

第二十二篇　隨時注意防毒　避免意外中傷............ 188

第二十三篇　民調數據弔詭　小心吃虧上當............ 190

第二十四篇　善用心理作戰　製造有利情勢............ 192

第二十五篇　使用電話拉票　感性爭取選民............ 194

第二十六篇　建立報票系統　掌握得票狀況............ 196

第二十七篇　做好計票準備　避免臨時錯亂............ 198

第三步驟　選舉後──戰果清查階段 199

　　　第一篇　舉辦謝票活動　為其連任鋪路 200

　　　第二篇　清除競選文宣　復市容拉民心 202

　　　第三篇　舉辦感恩活動　答謝團隊義工 203

　　　第四篇　領取當選證書　留下歷史見證 204

　　　第五篇　領回證明文件　避免過時遺失 206

　　　第六篇　領回保證金款　免遭移送提存 207

　　　第七篇　領取得票統計　進行選情分析 208

　　　第八篇　領取得票補貼　享受應有權益 209

　　　第九篇　檢討選戰得失　找出問題所在 211

　　　第十篇　申報競選經費　避免逾時受罰 212

　　　第十一篇　領回財產申報　留供建檔參考 213

　　　第十二篇　設立服務處所　落實選民服務 214

第四單元　明瞭遊戲規則　爭取有利條件 215

第五單元　認識選務機關　方便取得資訊 221

第六單元　勝利成功關鍵　必須講求方法 229

第七單元　現有公職選舉種類及名額統計 233

參考書目 237

第一單元

公開選戰資訊　追求機會均等

選舉是實行民主政治必經過程，也是個人達成從政願望唯一途徑。但選舉是一種政治社會化過程，也是一項鬥智性競爭，靠辯才服人，憑智慧取勝，並非每個人都會玩，能玩，它不僅是一門政治學科，也是一種政治藝術，看起來簡單，做起來不易。

凡有志從事政治工作者，須對選舉這門政治學科，或藝術，加以研究、探討、揣摩，進而了解其中奧秘，懂得過中技巧，才能在競爭過程中，擊敗對手，脫穎而出，贏得勝利，邁向成功。否則，縱費九牛二虎之力，恐怕也不得其門而入，就算僥倖加入競賽行列，最後亦將徒勞無功，空手而回。

自民國六十三年起，作者即與選舉工作，結下不解之緣，舉凡臺北市各種公職人員選舉，無役不與，不論中央或地方，不問大選或小選，不管改選或補選，從未缺席。二十餘年來，曾經目睹許多民主鬥士前輩，為實現民主政治理想，達成主權在民願望，不論個人生死，不計成敗得失，一旦下定決心，必然勇往直前，誓死奮戰到底，未達目的決不終止。甚至也有人，甘願孤注一擲，肯將個人青春、才華、資產、時間與精神，全部投入選舉，縱然賠上家產、性命，亦在所不惜，期望有朝一日，能實現「一舉成名天下知」的

理想，其百折不撓的奮戰精神，實在令人敬佩！

　　中華民國臺澎金馬自由地區，於三十九年實施地方自治制度以來，各種地方公職人員選舉相繼展開，過程雖由小而大，由下而上，由簡而繁，由局部到全面，由地方到中央，由間接到直接，顯得有些緩慢，但終究使我們民主政治建設工作，獲得驚人成就，為國家社會，培養了無數政治人才。這些驚人的政治成就，不得不歸功於民主鬥士前輩，一致全力爭取，社會大眾的支持協助，有志之士的踴躍參與，才有今天的豐碩果實，其奮鬥犧牲精神，值得後人推崇！故有所謂「政治學臺北」口號，證明確實有其根據。

　　本書終極目的，期在全面公開選戰資訊，追求機會均等，讓青年才俊有出頭機會，為國家社會所用，終結黑金、暴力介入選舉，維持公平正義精神。

　　本書之問世，對有選戰經驗者，能夠發揮「溫故知新」作用，對無選戰經驗者，可以產生「引導啟示」功能。初次參選者，不怕沒有經驗，不愁缺乏行政資源，只要稍加閱讀，取其精華所在，可在短期間內，迅速進入狀況，輕鬆參與選舉，打一場漂亮選戰，爭取最後勝利，做一位代議士，為國家、社會、人群，盡心盡力。

　　《選舉教戰手冊》結構，區分為「選舉前」、「選舉中」、「選舉後」三大步驟，內容具體充實，數據明確，態度客觀，足供參選者，在選戰規劃、準備、佈局、運作參考，發揮服務功能。期讓每位參選者，能在起跑點上，機會均等，從事公平競爭，光明正大贏得選戰勝利，徹底改善不良選舉風氣，提升選舉品質，實現「選賢與能」理想。

　　所謂「師父領進門，修行在個人」，需要政黨、政團或政治人物，本著「運用之妙，存乎一心」原則，按步就班，循序漸進，將可產生「事半功倍」作用。當然「一分耕耘，一分收穫」，俗話說「天下沒有白吃的午餐」，凡事除了聽天命之外，還需要盡人事，成功才有希望。

第二單元

必須有所體認　避免後悔莫及

　　每當媒體報導政壇新聞，看到或聽到民意代表諸公們，在國會或議會殿堂發言台上，總是賣力演出，那種「口若懸河」談論國是；「義正辭嚴」質詢政府官員；「深思熟慮」制訂國家法律；「明察秋毫」審查政府預算；「高瞻遠矚」提供國是建言；「認真負責」監督政府施政，所表現的是「語不驚人死甘休」，尤其「咄咄逼人」霸氣，給人有一種威風凜凜，不可一世的感覺，非常令人羨慕。

　　除此之外，讀者可曾瞭解，由於國會或議會公職人員名額有限，有志從政者眾多，在「僧多粥少」情況下，要想搭上開往國會或議會舞台列車，並不是件容易的事？因為這條運輸路線，擁擠情況猶如尖峰時段公共汽車，乘客多，班次少，每班次乘載人數有限，能擠上車已夠幸運，想要搶到個座位，可說困難重重。

　　有志搭乘民主政治列車，踏上從政路途的朋友，必須經過嚴格考驗，激烈競爭過程，花費無數經費，動員無數人力，使用無數時間，耗盡無數體力，打敗無數對手，才能獲得選戰勝利，進入國會或議會殿堂，成為一個代議士，善盡言責，為民喉舌。

　　贏得選舉勝利路途雖然艱辛，不過當選公職人員之後，無論國會或地方議會議員，其個人榮耀、特殊身分、崇高地

位、優厚禮遇，及法定職權，不是一般人能夠享有的。例如議員再議場上擁有言論免責權，身分保障權，對法律有議決權，對預算有審查權，對政府有提案權，對官員有質詢權，對政府有監督權等。縱然有違法情事，除現行犯外，在國會或議會開會期間，非經國會或議會同意，不得逮捕或拘禁，這些特殊優遇，身分保障，言論免責等，不免令人羨慕。

幸運者，一旦當選公職人員，不論中央或地方民意代表，表面上看起來是很風光的，其實就職後的日子並不好過。例如在宣示就職之後，將為公、私而忙碌奔波不停，在一年之中將有八個月以上的時間，必須在國會或議會殿堂上開會，每天工作時間，通常超過十餘小時。光是這樣還不打緊，有時為了湊足法定開會額數，一等就是幾個小時，甚至也可能一整天，讓人「望穿秋水」，而沒有結果，有時候為了進行政黨協商，一耗就是一整天，甚至數日一事無成，會使人覺得很無奈？對於知識分子從政者，更會讓他們覺得，是在浪費無謂時間，消耗寶貴生命，不值得令人留戀。

有從政經驗的學者，莫不視此為畏途，絕大多數人，因此不願繼續從政，以致我們的國會議員水準，始終無法改善，國會議事品質，一直無法提高，由此可見一般。

近年來才有某些政黨或政治人物，提出所謂「立委席次減半」政治主張，其實目前立法品質不盡理想，關鍵不在委員席次多寡問題，而是在於質的問題。如果這項根本問題不能徹底解決，未來縱然立委席次減半成功，也無法發揮任何作用？問題依舊存在，只不過讓少數政黨或政治人物，因此獲得政治利益罷了。

　　當選就職之後，不論民意代表，或行政首長，還要經常趕場參加各種婚、喪、喜、慶活動應酬，以及為各種服務和請託奔走，幾乎忙得暈頭轉向，根本沒有個人生活，也無自己的時間，其遭遇及處境，並非一般人所能想像到。除整天忙於公務或主持會議外，同樣也需要參加，或主持各種慶典活動，與家人相處或團聚機會少得可憐，以致許多人堅決反對家屬從政，就是這個原故。

　　在位者不論民意代表，或行政首長，各種人情包袱將會隨之而來，各項請託壓力可能倍增，婚、喪、喜、慶應酬活動不斷，參加嗎？會讓人疲於奔命，不參加嗎？將會因此而得罪人，答應張三，不能拒絕李四，可見公職人員，尤其是行政首長，的確難為。

　　有一真實案例，據說一位民意代表，接受選民拜托為其說項，以便能幫自己脫罪，當民意代表進一步瞭解情況之後，認為是一件違法案件，而委婉加以拒絕，結果竟然引起該選民抱怨「如果是合法，我還需要找你幫忙嗎？」，由此充分表露少數選民投機取巧心態，誤認民意代表理應幫忙選民說項，實在不該，更令人厭惡，此種行為當然並不足取，由此例子，也可瞭解一個公職人員，確實不是那麼好做的，弄不好可能還會得罪人，到頭來恐怕連選票也沒了，以後也別想在政壇上求發展。

　　選舉本身就像一種政治性投資，也是一場沒有止境的賭注，最後結局，有人會贏，有人會輸，贏的人將在一夕之間，成為政治明星，社會菁英，國家棟樑，無人不知，沒人不曉。輸的人也可能導致傾家蕩產，一敗塗地，結果弄得人才兩

空，真所謂「寒冬飲冰水，點滴在心頭」，而個中滋味，只有當事人才能體會到。

選舉不僅是一種激烈的競爭，也是一項嚴酷的挑戰，如果沒有勝選把握，千萬不要輕易嘗試，否則就會「爬得愈高，摔得愈重」。因為愈高層的選舉，投資花費也愈大，不是每個人都可以玩得起的，打算參選者，事先必須自我加以衡量，免得到時後悔莫及。

初次出馬的參選者，一旦下定決心要走從政之路，首先必須打一場漂亮選戰，切忌打沒有把握的戰爭。既然要想贏得選戰勝利，就須全力以赴，不達目的，絕不罷休。其實打贏選戰，並非不可能的事，其先決條件，須有周詳規劃，充分準備，完善部署，密集行銷，主動作為，合理分工，有效控管，認真執行，積極耕耘，按照步驟，循序漸進，才能掌握優勢，成為選戰的勝利者。

古人所謂「天下無難事，只怕有心人」，充分證明有志者，事竟成。一切成敗得失，全靠自己努力耕耘，別人僅能從旁協助，因為命運終究掌握在自己的手中，唯有把握「運籌帷幄之中，決勝千里之外」道理，才能掌握致勝先機。

第三單元

懂得參選技巧　掌握選戰優勢

民主政治的特色，是透過選舉方式，產生政府官員及民意代表，前者負責國家領導或政府管理工作，後者專司制衡官員及監督政府職務，是目前民主國家一致努力追求，並集極推動的一種政治制度，雖然令人不甚滿意，但還可以接受的一種政治模式。

凡居住在這些國家的國民，擁有國民及公民身分，符合法令規定資格要件者，每個人除有選舉投票權利外，也有參與選舉（即被選舉）權利，一旦贏得選舉勝利，取得公職人員身分，即可成為領導國家的政治人物，管理政府的行政官員，或制衡官員與監督政府的民意代表。

政治人物一旦選擇從政之路，必須參與選舉，並在選舉過程中，打敗競爭對手，贏得選舉勝利，才能步入政壇，施展自己的抱負，實現個人的理想。至於政黨或政團，亦復如此，一旦有參政意願，就需要提出有力政治主張，推出適當人選，積極參與各種公職人員選舉，一則爭取國會或議會議員席次，再則贏得執政機會，實現政治理想。

選舉是一項競爭而激烈的政治活動，在激烈的競爭過程中，倘若政黨、政團或政治人物，要想一舉打敗對手，贏得選戰勝利，建議參考本手冊所列舉之三大步驟：「選舉前」、

「選舉中」、「選舉後」，循序漸進，方可發揮「事半功倍」效果，否則恐將徒勞無功，空忙一場，無謂的浪費寶貴的人力、時間，及經費。

　　基於公平、公正、公開原則，完全得以實現，作者一向積極主張，將選戰步驟及過程，全面公開化，透明化，讓政黨、政團或政治人物，參與選舉，有所依據，共同遵循，避免造成少數龍斷局面，形成寡頭政治，或獨裁統治，或者因選舉不公，而產生違法或脫序行為，破壞選舉制度，影響選舉風氣，擾亂社會人心。僅將個人多年經驗及心得，全部公諸於世，並針對相關工作項目、內容、方法、要領、技巧，先後順序，具體作為，準備事項等，分別介紹如下，期與讀者分享經驗，也為我國選舉實務，盡一份微薄心力。

第一步驟　選舉前——選戰準備階段

　　所謂「選舉前」，也就是選戰的準備階段，係指在選舉委員會正式發布選舉公告之前而言。不論何種公職人員選舉，在正式進入選舉之前，對於一般人而言，與日常生活確實沒有太大區別，但對有計畫參與選舉者而言，可就不一樣，因在此階段內，多項準備工作，必須著手進行，以因應未來嚴厲的挑戰，所以必須掌握機會，利用時間。

　　在選舉前，也是所謂選戰準備階段，不論推薦候選人之政黨、政團或政治人物，對於參選的各項準備工作，必須利用時間，把握機會，提早進行，才能在選舉進行中，輕鬆應戰。至於應該做些什麼準備工作？準備些什麼資料呢？請看以下介紹。

第一篇　了解公職種類　選擇最佳機會

公職人員選舉種類，計有中央公職人員選舉，及地方公職人員選舉二種，其中又區分為民意代表，及行政首長等二類。中央公職人員選舉部分，過去計有總統副總統、國民大會代表、立法委員、監察委員等四種選舉，經過精簡之後，目前僅有總統副總統、立法委員等二種選舉。地方公職人員選舉部分，過去計有省長、省議員、直轄市長、直轄市議員、縣（市）長、縣（市）議員、鄉（鎮、市）長、鄉（鎮、市）民代表、村（里）長等九種選舉，經過精簡之後，目前尚有直轄市長、直轄市議員、縣（市）長、縣（市）議員、鄉（鎮、市）長、鄉（鎮、市）民代表、村（里）長等七種選舉。

中央選舉委員會，為配合憲法增修條文之精神，於公職人員選舉罷免法修正案中，已計畫刪除鄉（鎮、市）長，及鄉（鎮、市）民代表等二種選舉，未來能否獲得立法院三讀通過，尚難預料？今後之地方公職人員選舉種類，是否會有所變化，未得而之？果真只剩五種地方性公職人選舉，屆時大家參與公職選舉之門，不僅變窄了，而選擇參政機會，也將變少了，選擇參與公職選舉機會，將相對減少，要想擠進民主殿堂之門，做一個為民喉舌的代議士，路途必然更為艱難，有志之士，可得有心理準備。

至於有關修法問題，根據個人經驗，速度恐怕不會很快，例如總統副總統、公職人員選舉罷免法修正案，自八十五年送達立法院之後，至九十二年才獲得通過，其速度之慢，由此可想而知。

　　自阿扁以總統身分約見國民黨主席連戰後，突然宣布停建核四，讓泛藍軍難看，其後遺症所引發諸多問題，使得立法院朝野意見紛歧，委員會或院會經常亂成一團，吵得不可開交，幾乎沒有寧日，未來情勢發展，值得關注。

　　2004 年總統大選，兩顆子彈真偽問題，始終沒有找到答案，朝野之間缺乏互信，對峙勢必更加遽烈，修法能否在近期內獲得通過，實在難以預料，再因等待優先審查民生法案多，能否在短期間內列入議程，恐屬不易，請立委諸公們，以蒼生為重，加油啊！

第二篇　選區名額選票　可供評估參考

我國公職人員選舉，原則上採中選區多席次制度，所以，屬於民意代表部分之公職人員選舉，需要劃分選舉區辦理。至於選舉區劃分，基本上區分為行政首長，及民意代表二類，其中行政首長部分，係以行政區域為選舉區，比較單純，也容易瞭解。各級民意代表部分，則較為複雜，因民意代表選舉，原則上也以行政區域為選舉區，但依法也可在行政區域內劃分若干個選舉區，每一選舉區分別選出若干位民意代表，於是民意代表選舉，就是一般所謂「中選區多席次」的選舉制度。

凡有志參與公職人員選舉，如屬民意代表部分，事先對於選舉區之劃分情形，應選出名額，最低當選票數等，必須有所瞭解，然後才能考慮個人參選的可行性，以及戶籍遷移問題，進而從事有關選舉的規劃、佈署事宜，否則將浪費無謂的時間與精力，值得加以注意。

中華民國臺澎金馬地區，目前各層級公職人員選舉，其選舉區劃分情形，應選出名額，以及最低當選票數等，請看以下介紹。

◆中央公職人員選舉

所謂中央公職人員選舉，依法計有總統、副總統、國民大會代表、立法委員等三種選舉，其中除國民大會代表選舉部分，經過此次任務行國代，複決立法院所提憲法修正案，予以廢止，從此走入歷史，而定期辦理改選者，目前僅有總

統、副總統、立法委員等二種選舉。

　　總統、副總統、立法委員選舉，其選舉區劃分情形，及應選出名額，凡推薦候選人之政黨、政團，或獨立參選人，均須有所瞭解，積極蒐集所需資訊，提早做好各項規劃及準備，避免臨時措手不及，不因一個小問題沒解決，或一件小事沒辦妥，或準備工作沒完成，而影響參選工作之規畫與準備，實非處事之道。

◆ 總統、副總統選舉

　　總統、副總統選舉，依中華民國憲法規定，係由國民大會代表選舉產生，一般稱之為間接選舉，或委任選舉，歷經八屆之久。於民國八十五年，在李前總統登輝先生一念之間，而改變數十年的現狀，授意經由第三屆國民大會代表第二次會議通過「修正中華民國憲法增修條文」，改為直接民選產生，即所謂直接選舉，打破憲法原來設計架構模式。

　　此一制度之改變，是福是禍尚難定論？因為夠格號稱民主龍頭的美國，立國至今兩百餘年，其總統選舉方式，仍舊採用間接選舉制度，並非直接民選產生，可見有一定的因素考量。我國推行民主制度時間甚短，竟敢貿然引領風騷，不但讓學者專家跌破眼鏡，更叫當初推銷委任選舉利多之國民黨員，無言以對。

　　總統、副總統選舉，係以中華民國臺澎金馬自由地區為選舉區，凡居住在此一區域之中華民國國民，年滿二十歲，無褫奪公權，或受禁治產宣告者，均有選舉投票權。另凡持有中華民國有效護照，有選舉權之僑居國外國民，亦有權回

國行使總統、副總統選舉投票權，並自民國八十五年三月起開始實施。

民國八十九年三月十八日，第十任總統、副總統選舉，計有1號宋楚瑜、張昭雄、2號連戰、蕭萬長、3號李敖、馮滬祥、4號陳水扁、呂秀蓮等四組候選人，參與角逐總統副總統寶座，經選舉投票結果，最低當選票數為4,977,697票，由4號陳水扁先生及呂秀蓮女士，贏得最後勝利，拿下執政權，完成史上首次政黨輪替，國民黨遷臺以來，首次失去政權。

民國九十三年三月二十日，第十一屆總統、副總統選舉，僅有兩組候選人，即代表綠軍之1號陳水扁、呂秀蓮；代表藍軍之2號連戰、宋楚瑜，參與角逐國家正、副元首寶座，形成藍、綠兩大陣營對決局面。民主進步黨雖然擁有執政優勢，加上公投案、槍擊案等不確定因素影響下，經選舉投票結果，1號陳、呂陣營，獲得6,471,970票，得票率50.11%；2號連、宋陣營，獲得6,442,452票，得票率49.89%，陳、呂小贏29,518票，由於槍擊案疑點甚多，使人無法認同，連、宋陣營相繼提出當選無效，及選舉無效之訴，已進入司法程序，真相及結果究竟如何，恐怕只有上帝知道。

此次選舉投票結果，藍綠兩大陣營在全國各地區得票數，分別介紹如下：臺北市部分，藍軍獲得897,870票，占56.53%；綠軍獲得690,379，占43.47%。高雄市部分，藍軍獲得398,769票，占44.35%；綠軍獲得500,304票，占55.65%。臺北縣部分，藍軍獲得1,130,615票，占53.06；綠軍獲得1,000,265票，占46.94%。基隆市部分，藍軍獲得

132,289 票，占 59.44；綠軍獲得 90,276 票，占 40.56% 。宜蘭縣部分，藍軍獲得 108,361 票，占 42.29% ；綠軍獲得 147,848 票，占 57.71% 。桃園縣部分，藍軍獲得 555,688 票，占 55.32% ；綠軍獲得 448,770 票，占 44.68% 。新竹縣部分，藍軍獲得 165,027 票，占 64.06% ；綠軍獲得 92,576 票，占 35.94% 。新竹市部分，藍軍獲得 118,924 票，占 55.12% ；綠軍獲得 96,818 票，占 44.88% 。苗栗縣部分，藍軍獲得 191,059 票，占 60.75% ；綠軍獲得 123,427 票，占 39.25% 。臺中縣部分，藍軍獲得 410,082 票，占 48.21% ；綠軍獲得 440,479 票，占 51.79% 。臺中市部分，藍軍獲得 297,089 票，占 52.66% ；綠軍獲得 267,095 票，占 47.34% 。彰化縣部分，藍軍獲得 350,128 票，占 47.74% ；綠軍獲得 383,296 票，占 52.26% 。南投縣部分，藍軍獲得 153,913 票，占 51.25% ；綠軍獲得 146,415 票，占 48.75% 。雲林縣部分，藍軍獲得 159,906 票，占 39.68% ；綠軍獲得 243,129 票，占 60.32% 。嘉義縣部分，藍軍獲得 118,189 票，占 37.21% ；綠軍獲得 199,466 票，占 62.79% 。嘉義市部分，藍軍獲得 67,176 票，占 43.94% ；綠軍獲得 85,702 票，占 56.06% 。臺南縣部分，藍軍獲得 229,284 票，占 35.21% ；綠軍獲得 421,927 票，占 64.79% 。臺南市部分，藍軍獲得 183,786 票，占 42.23% ；綠軍獲得 251,397 票，占 57.77% 。高雄市部分，藍軍獲得 398,679 票，占 44.35% ；綠軍獲得 500,304 票，占 55.65% 。高雄縣部分，藍軍獲得 302,937 票，占 41.60% ；綠軍獲得 425,265 票，占 58.40% 。屏東縣部分，藍軍獲得 215,796 票，占 41.89% ；綠軍獲得 299,321 票，占 58.11% 。澎湖縣部分，

藍軍獲得 22,639 票,占 50.53% ;綠軍獲得 22,162 票,占 49.47% 。花蓮縣部分,藍軍獲得 126,041 票,占 70.20% ;綠軍獲得 53,501 票,占 29.80% 。臺東縣部分,藍軍獲得 76,382 票,占 65.52% ;綠軍獲得 40,203 票,占 34.48% 。金門縣部分,藍軍獲得 26,433 票,占 93.95%;綠軍獲得 1,701 票,占 6.05% 。連江縣部分,藍軍獲得 4,060 票,占 94.24 % ;綠軍獲得 248 票,占 5.76% 。

◆立法委員選舉

　　立法委員選舉種類,基本上區分為四大類,第一類:為區域選出者,以臺澎金馬等自由地區二個直轄市、二十三個縣(市),總計二十五個行政區域為單位,共劃分為二十九個選舉區,應選出名額一六八人,其中應有婦女當選名額十四人。第二類:為原住民選出者,應選出名額八人,其中平地原住民四人,山地原住民四人,依法無婦女保障名額。第三類:為僑居國外國民選出者,應選出名額八人,依法無婦女保障名額。第四類:為全國不分區選出者,應選出名額四十一人,此部分係採政黨比例方式選出之。

　　此次任務型國民大會代表複決立法院所提修憲案,自第七屆起立法委員席將次改為一一三人,委員任期將改為四年,選出方式將採單一選區兩票制,也就是每位選舉人一次可領取兩張選票,其中一票選人,一票選黨。

　　以下就目前區域選出部分,有關選舉區劃分情形,應選出名額,以及最近一次選舉投票結果,最低當選票數等,分別加以介紹。

◆直轄市選出部分

直轄市選出部分，目前僅有臺北、高雄兩市，有關選舉區劃分情形，及應選出名額，及最近一次選舉投票結果，最低當選票數，分別介紹如後。

❖臺北市

臺北市目前為中華民國政府臨時首都，計有十二個行政區，總人口數約二百六十餘萬人，劃分為二個選舉區（依新制將劃分為八個選區），應選出名額二十人（依新制僅有八個名額），其中應有婦女當選名額二人。有關選舉區劃分情形，應選出名額，及最近一次選舉投票結果，最低當選票數，介紹如下。

1、第一選舉區：

範圍包括北投區、士林區、松山區、信義區、內湖區、南港區等六區，應選名額十人，其中應有婦女當選名額一人，第六屆立法委員選舉投票結果，最低當選票數為 35,676 票。

2、第二選舉區：

範圍包括中山區、大同區、中正區、萬華區、大安區、文山區等六區，應選名額十人，其中應有婦女當選名額一人，第六屆立法委員選舉投票結果，最低當選票數為 33,922 票。

❖高雄市

高雄市為自由地區第二大院轄市，目前計有十一個行政區，總人口約一百五十餘萬人，劃分為二個選舉區（依新制

29

將劃分為五個選舉區），應選出名額十一人（依新制僅有五個名額），其中應有婦女當選名額一人。有關選舉區劃分情形，應選出名額，及最近一次選舉投票結果，最低當選票數，介紹如下。

1、第一選舉區：

範圍包括鹽埕區、鼓山區、旗津區、左營區、楠梓區、三民區等六區，應選出名額六人，其中應有婦女當選名額一人，第六屆立法委員選舉投票結果，最低當選票數為 40,320 票。

2、第二選舉區：

範圍包括新興區、前金區、苓雅區、前鎮區、小港區等五區，應選出名額五人，第六屆立法委員選舉投票結果，最低當選票數為 33,033 票。

◆臺灣省選出部分

臺灣省選出部分，包括臺、澎地區，計有二十一個縣（市），總人口約一千九百餘萬人，共劃分為二十三個選舉區（依新制將劃分為五十八個選舉區），應選出名額一三五人（依新制僅有五十八個名額），其中應有婦女當選名額十一人，各選舉區劃分情形，應選出名額，及最近一次選舉投票結果，最低當選票數，分別介紹如後。

❖臺北縣

臺北縣目前為臺、澎地區最大之縣，縣內計轄二十九個鄉（鎮、市），總人口超過三百六十餘萬人，劃分為三個選

舉區（依新制將劃分為十二個選舉區），應選出名額二十七人（依新制僅有十二個名額），其中應有婦女當選名額二人。有關選舉區劃分情形，應選出名額，及最近一次選舉投票結果，最低當選票數，介紹如下。

1、第一選舉區：

範圍包括板橋市、土城市、樹林市、鶯歌鎮、三峽鎮等五個市(鎮)，應選名額八人，第六屆立法委員選舉投票結果，最低當選票數為 32,204 票。

2、第二選舉區：

範圍包括三重市、蘆洲市、新莊市、五股鄉、泰山鄉、林口鄉、淡水鎮、八里鄉、三芝鄉、石門鄉、金山鄉、萬里鄉等十二個鄉（鎮、市），應選出名額十人，其中應有婦女當選名額一人，第六屆立法委員選舉投票結果，最低當選票數為 29,472 票。

3、第三選舉區：

範圍包括中和市、永和市、新店市、深坑鄉、石碇鄉、坪林鄉、烏來鄉、汐止市、瑞芳鎮、平溪鄉、雙溪鄉、貢寮鄉等十二個鄉（鎮、市），應選出名額九人，其中應有婦女當選名額一人，第六屆立法委員選舉投票結果，最低當選票數為 35,709 票。

❖宜蘭縣

因受限於人口數及應選名額，全縣劃為一個選舉區，應選出名額四人（依新制僅有一個名額），依法無婦女當選保

障名額，第六屆立法委員選舉投票結果，最低當選票數為
39,331 票。

❖桃園縣

因受限於人口數及應選名額，全縣劃為一個選舉區（依
新制將劃分為六個選舉區），應選出名額十二人（依新制僅
有六個名額），其中應有婦女當選名額一人，第六屆立法委
員選舉投票結果，最低當選票數為 32,077 票。

❖新竹縣

因受限於人口數及應選名額，全縣劃為一個選舉區，應
選出名額三人（依新制僅有一個名額），依法無婦女當選保
障名額，第六屆立法委員選舉投票結果，最低當選票數為
39,242 票。

❖苗栗縣

因受限於人口數及應選名額，全縣劃為一個選舉區（依
新制將劃分為二個選舉區），應選出名額四人（依新制僅有
二個名額），依法無婦女當選保障名額，第六屆立法委員選
舉投票結果，最低當選票數為 41,643 票。

❖臺中縣

因受限於人口數及應選名額，全縣劃為一個選舉區（依
新制將劃分為五個選舉區），應選出名額十一人（依新制僅
有五個名額），其中應有婦女當選名額一人，第六屆立法委
員選舉投票結果，最低當選票數為 35,450 票。

❖彰化縣

因受限於人口數及應選名額，全縣劃為一個選舉區（依新制將劃分為四個選舉區），應選出名額十人（依新制僅有四個名額），其中應有婦女當選名額一人，第六屆立法委員選舉投票結果，最低當選票數為 35,003 票。

❖南投縣

因受限於人口數及名額，全縣劃為一個選舉區（依新制將劃分為二個選舉區），應選出名額四人（依新制僅有二個名額），依法無婦女當選保障名額，第六屆立法委員選舉投票結果，最低當選票數為 30,914 票。

❖雲林縣

因受限於人口數及應選名額，全縣劃為一個選舉區（依新制將劃分為二個選舉區），應選出名額六人（依新制僅有二個名額），其中應有婦女當選名額一人，第六屆立法委員選舉投票結果，最低當選票數為 33,053 票。

❖嘉義縣

因受限於人口數及應選名額，全縣劃為一個選舉區（依新制將劃分為二個選舉區），應選出名額四人（依新制僅有二個名額），依法無婦女當選保障名額，第六屆立法委員選舉投票結果，最低當選票數為 37,281 票。

❖臺南縣

因受限於人口數及應選名額，全縣劃為一個選舉區（依新制將劃分為三個選舉區），應選出名額九人（依新制僅有三個名額），其中應有婦女當選名額一人，第六屆立法委員選舉投票結果，最低當選票數為 33,724 票。

❖高雄縣

因受限於人口數及應選名額，全縣劃為一個選舉區（依新制將劃分為四個選舉區），應選出名額九人（依新制僅有四個名額），其中應有婦女當選名額一人，第六屆立法委員選舉投票結果，最低當選票數為 33,631 票。

❖屏東縣

因受限於人口數及應選名額，全縣劃為一個選舉區（依新制將劃分為三個選舉區），應選出名額七人（依新制僅有三個名額），其中應有婦女當選名額一人，第六屆立法委員選舉投票結果，最低當選票數為 40,187 票。

❖臺東縣

因受限於人口數及應選名額，全縣劃為一個選舉區，應選出名額一人（依新制維持現狀），依法無婦女當選保障名額，第六屆立法委員選舉投票結果，最低當選票數為 38,178 票。

❖花蓮縣

因受限於人口數及應選名額，全縣劃為一個選舉區，應選出名額二人（依新制僅有一個名額），依法無婦女當選保障名額，第六屆立法委員選舉投票結果，最低當選票數為26,257票。

❖澎湖縣

因受限於人口數及應選名額，全縣劃為一個選舉區，應選出名額一人（依新制維持現狀），依法無婦女當選保障名額，第六屆立法委員選舉投票結果，最低當選票數為22,650票。

❖基隆市

因受限於人口數及應選名額，全市劃為一個選舉區，應選出名額二人（依新制僅有一個名額），依法無婦女當選保障名額，第六屆立法委員選舉投票結果，最低當選票為34,129票。

❖新竹市

因受限於人口數及應選名額，全市劃為一個選舉區，應選出名額三人（依新制僅有一個名額），依法無婦女當選保障名額，第六屆立法委員選舉投票結果，最低當選票為31,057票。

❖臺中市

因受限於人口數及應選名額，全市劃為一個選舉區（依新制將劃分為三個選舉區），應選出名額七人（依新制僅有三個名額），其中應有婦女當選名額一人，第六屆立法委員選舉投票結果，最低當選票數為 30,865 票。

❖嘉義市

因受限於人口數及應選名額，全市劃為一個選舉區，應選出名額二人（依新制僅有一個名額），依法無婦女當選保障名額，第六屆立法委員選舉投票結果，最低當選票數為 31,193 票。

❖臺南市

因受限於人口數及應選名額，全市劃為一個選舉區（依新制將劃分為二個選舉區），應選出名額六人（依新制僅有二個名額），其中應有婦女當選名額一人，第六屆立法委員選舉投票結果，最低當選票數為 33,833 票。

◆福建省選出部分

福建省選出部分，目前所轄行政區域，僅有金門及連江二縣，也就所謂「金馬地區」，由於所管轄土地面積較小，人口數也相對的少，故以行政區域為選舉區，應選出名額二人，依法無婦女保障名額，最近一次選舉投票結果，最低當選票數，分別介紹如下。

❖金門縣

因受限於人口數及應選名額，全縣劃為一個選舉區，應選出名額一人（依新制維持現狀），依法無婦女當選保障名額，第六屆立法委員選舉投票結果，最低當選票數為 12,137票。

❖連江縣

因受限於人口數及應選名額，全縣劃為一個選舉區，應選出名額一人（依新制維持現狀），依法無婦女當選保障名額，第六屆立法委員選舉投票結果，最低當選票數為 2,504票。

◆特殊國民選出部分

所謂特殊國民選出部分，區分為原住民、僑居國外國民、全國不分區等三種公職人員選舉，有關選舉方式及應選出名額，及最近一次選舉投票結果，最低當選票數，分別介紹如下。

❖原住民

原住民選出部分，係以臺、澎、金、馬自由地區為選舉區，其中又區分為平地原住民，山地原住民等兩種公職人員選舉，每一種公職人員選舉，應選出名額各為四人（新制應選出名額尚未定案），依法無婦女保障名額，第六屆立法委員選舉投票結果，最低當選票數，其中平地原住民部分為 8,045 票，山地原住民部分為 12,179 票。

❖僑居國外國民

僑居國外國民選出部分，係採政黨比例方式選出之，也就是按政黨得票比例分配當選名額。依新制未來究竟產生幾個名額，目前尚未定案。

❖全國不分區

全國不分區選出部分，係採政黨比例方式選出之，也就是案政黨得票比例分配當選名額。依新制未來究竟產生幾個名額，目前尚未定案，唯與僑居國外國民選舉兩者共計三十四人。

◆國民大會代表選舉

依據憲法增修條文，及公職人員選舉罷免法修正案規定，改為任務型國代，採比例代表制選舉方式產生，總名額300人，各選舉區應選出名額，依各選舉區人口數比例分配之，但每一選舉區應選出名額，最低不得少於二人。

至於選舉時機，依法應於立法院提出憲法修正案、領土變更案，經公告半年，或提出總統、副總統彈劾案時（依新制未來須聲請司法院大法官審理，憲法法庭判定），三個月內完成選舉投票（依新制未來將由中華民國自由地區選舉人投票複決），因此，就其立法精神而言，應該屬於任務型的公職人員選舉，於選出完成特定任務之後，隨即解散，並無任期規定，與其他公職人員有所區別。

首屆也是最後一屆任務型國民大會代表選舉，於 2005 年 5 月 14 日舉行投票，但投票率僅有二成三，創下行憲以

來最低一次。選舉結果各黨派得票率分列如下：民主進步黨
42.52％，獲得 127 席；中國國民黨 38.92％，獲得 117 席；
台灣團結聯盟 7.05％，獲得 21 席；親民黨 6.11％，獲得 18
席；張亞中等聯盟 1.68％，獲得 5 席；中國民眾黨 1.08％，
獲得 3 席；新黨 0.88％，獲得 3 席；無黨團結聯盟 0.65％，
獲得 2 席；農民黨 0.45％，獲得 1 席；建國黨 0.30％，獲得
1 席；公民黨 0.22％，獲得 1 席；王廷興等聯盟 0.19％，獲
得 1 席。

◆地方公職人員選舉

　　所謂地方公職人員選舉，區分為民意代表選舉，及行政
首長選舉等兩大類，其中民意代表選舉部分，目前尚有直轄
市議員，縣（市）議員，鄉（鎮、市）民代表等三種公職人
員選舉，至於行政首長選舉部分，目前尚有直轄市長、縣(市)
長、鄉（鎮、市）長、村（里）長等四種公職選舉。

　　民意代表及行政首長選舉，兩者最大區別，後者係以行
政區域為其選舉區，前者則係根據行政區域範圍大小，人口
分佈情形，地理環境條件，交通發展狀況，應選出名額等因
素與實際需要，於行政區域內劃分為若干個選舉區，每一選
舉區選出若干位民意代表，有關選舉區劃分情形，各選舉區
應選出名額，及最近一次選舉投票結果，最低當選票數，分
別介紹如後。

◆直轄市公職人員選舉部分

　　自由地區直轄市，僅有臺北、高雄兩市，兩市升格時間

雖然有別，市民人數相差甚大，但有關選舉種類，選舉區劃分，及應選名額計算等，並無任何差異。兩直轄市選舉種類，分為市議會議員選舉，市長選舉兩種，前者因應選出名額較多，必須依據應選出名額，劃分選舉區，稱為多選區，多席次之選舉制度，後者為單一席次，以行政區域為選舉區，可稱為單一選舉制度。至於兩直轄市議會議員選舉區劃分情形，應選出名額配置；市長選舉現況，及最近一次選舉投票結果，最低當選票數，分別介紹如後。

◆臺北市公職人員選舉

◎臺北市議會議員選舉

臺北市議會議員選舉，計有區域選出及原住民選出等兩種，區域選出部分，因全市計有十二個行政區，以兩個行政區劃分為一個選舉區，共劃分為六個選舉區，應選出名額計五十一人，其中應有婦女當選名額九人。有關選舉區劃分情形，各選舉區應選出名額，及最近一次選舉投票結果，最低當選票數，介紹如下。

1、第一選舉區：

範圍包括北投區及士林區，應選出名額十人，其中應有婦女當選名額二人，第九屆議員選舉投票結果，最低當選票數為 14,313 票。

2、第二選舉區：

範圍包括內湖區及南港區，應選出名額七人，其中應有

婦女當選名額一人，第九屆議員選舉投票結果，最低當選票數為 15,179 票。

3、第三選舉區：

範圍包括松山區及信義區，應選出名額九人，其中應有婦女當選名額二人，第九屆議員選舉投票結果，最低當選票數為 13,153 票。

4、第四選舉區：

範圍包括中山區及大同區，應選出名額七人，其中應有婦女當選名額一人，第九屆議員選舉投票結果，最低當選票數為 12,539 票。

5、第五選舉區：

範圍包括中正區及萬華區，應選出名額七人，其中應有婦女當選名額一人，第九屆議員選舉投票結果，最低當選票數為 11,967 票。

6、第六選舉區：

範圍包括大安區及文山區，應選出名額十一人，其中應有婦女當選名額二人，第九屆議員選舉投票結果，最低當選票數為 14,506 票。

7、原住民選舉區：

以本市為選舉區，應選出原住民議員名額一人，第九屆議員選舉投票結果，最低當選票數為 2,437 票。

◎臺北市市長選舉

臺北市第二屆市長選舉，於民國八十七年十二月五日舉行投票，計有三位候選人參與角逐市長寶座，其中中國國民黨籍的馬英九先生，民主進步黨籍的陳水扁先生，新黨籍的王建煊先生，但實際上是藍、綠陣營對決局面，也就是馬英九先生與陳水扁先生，兩位政治明星之間的一次角力戰，由於競爭非常激烈，竟然吸引了 1,511,653 位市民參與投票，投票率為 1,868,860 選舉人之百分之 80.89，結果馬英九先生獲得 766,377 票，得票率為 51.13％，終於以 78,305 票之多，打敗現任市長陳水扁先生，贏得選戰勝利，奪回市長寶座，為國民黨收復失去四年的臺北市執政權。陳水扁先生雖然藉著執政優勢，積極尋求連任，並得到全臺各地民進黨支持者，遠道前來相挺，但最後仍舊不幸高票落選，以 688,074 票，得票率為 45.91％，而敗下陣來，不僅連任希望落空，也使民進黨丟掉臺北市的政權。王建煊先生，一心追求「乾淨」、「節約」選舉救臺灣，其競選做法與時下一般候選人有所不同，志在改變目前的選舉方式，一開始就以「姜太公釣魚，願者上鉤」姿態參與這場選戰，勝敗完全取決於市民，但最後仍舊無法得到大多數人的認同及支持，僅獲得 44,452 票，得票率為 2.97％，就他個人而言，創下歷史新低，簡直不成比例。

第三屆選舉結果，1 號民進黨籍候選人李應元獲得 488,811 票，占 35.89％；2 號國民黨籍馬英九獲得 873,102 票，占 64.11％，贏得選舉勝利，爭取連任成功。

◆高雄市公職人員選舉

◎高雄市議會議員選舉

　　高雄市議會議員選舉，計有區域選出及原住民選出兩種，區域選出部分，因全市有十一個行政區，共計劃分為五個選舉區，應選出名額計四十三人，其中應有婦女當選名額九人，有關選舉區劃分情形，各選舉區應選出名額，及最近一次選舉投票結果，最低當選票數，介紹如下。

　　1、第一選舉區：

　　範圍包括鹽埕區、鼓山區及旗津區，應選出名額五人，其中應有婦女當選名額一人，第五屆議員選舉投票結果，最低當選票數為 10,918 票。

　　2、第二選舉區：

　　範圍包括左營區及楠梓區，應選出名額九人，其中應有婦女當選名額二人，第五屆議員選舉投票結果，最低當選票數為 10,259 票。

　　3、第三選舉區：

　　範圍僅有三民區，應選出名額十人，其中應有婦女當選名額二人，第五屆議員選舉投票結果，最低當選票數為 9,441 票。

　　4、第四選舉區：

　　範圍包括新興區、前金區及苓雅區，應選出名額九人，

其中應有婦女當選名額二人,第五屆議員選舉投票結果,最低當選票數為 9,699 票。

5、第五選舉區:

範圍包括前鎮區及小港區,應選出名額十人,其中應有婦女當選名額二人,第五屆議員選舉投票結果,最低當選票數為 10,120 票。

6、原住民選舉區:

以本市為選舉區,應選出原住民議員名額一人,第五屆議員選舉投票結果,最低當選票數為 739 票。

◎高雄市市長選舉

高雄市第二屆市長選舉,於民國八十七年十二月五日與臺北市同步舉行,計有四位候選人參與角逐市長寶座,其中中國國民黨籍的吳敦義先生、民主進步黨籍的謝長廷先生、新黨籍的吳建國先生、無黨籍的鄭德耀先生,形式上大家分庭抗禮,但實際上也是藍綠兩大陣營,吳敦義先生與謝長廷先生之間的一次對決,由於競爭非常激烈,照樣吸引了 807,996 位高雄市民參與投票,投票率為 1,004,872 選舉人之百分之 80.41。選舉投票結果,謝長廷先生,雖然以空降部隊姿態參選,但仍舊獲得 387,797 票,得票率為 48.71%,以 4,565 票之差,擊敗現任市長吳敦義先生,贏得選戰勝利,拿下市長寶座,為民進黨攻下南臺灣的重要據點。吳敦義先生,雖然為現任市長,佔有執政優勢,但以 383,232 票,得

票率為 48.13％，以四千餘票些微之差，不幸敗下陣來，不僅連任希望落空，也使國民黨丟掉高雄市的執政權。吳建國先生，因最後也因轉為相挺吳敦義先生，而失去立場，僅獲得 6,457 票，得票率僅有 0.81％。鄭德耀先生，最後也改為相挺謝長廷先生，僅獲得 18,699 票，得票率僅有 2.35％。所以，是一次標準的藍、綠對決戰局。

　　第三屆選舉結果，1 號無黨籍施明德獲得 8,750 票，占 1.13％；2 號無黨籍張博雅獲得 13,479 票，占 1.75％；3 號無黨籍黃天生獲得 1,998 票，占 0.26％；4 號國民黨籍黃俊英獲得 361,546 票，占 46.82％；5 號民進黨籍謝長廷獲得 386,384 票，占 50.04％，贏得最後勝利，爭取連任成功。

◆臺灣省公職人員選舉部分

　　臺灣省公職人員選舉，原有七種之多，如省議會議員、省長、縣（市）議會議員、縣（市）長、鄉（鎮、市）民代表、鄉（鎮、市）長、村（里）長等選舉，後因「精省」，而廢除省議會議員，及省長等兩種選舉，目前僅有縣（市）議員、縣（市）長、鄉（鎮、市）民代表、鄉（鎮、市）長、村（里）長等五種選舉，預定至民國九十五年將停止鄉（鎮、市）民代表及鄉（鎮、市）長等兩種選舉，屆時人民參與公職人員選舉，機會越來越少，大門越來越窄。至於現階段各種公職人員選舉區劃分情形，各選舉區應選出名額，及最近一次選舉投票結果，最低當選票數，分別介紹如後。

◎縣（市）議員選舉

　　縣（市）議員選舉，是臺灣省主流選舉之一，為監督縣（市）政府施政，不可或缺的一環。自於民國三十九年起，臺灣省各縣（市）議會議員選舉，由中央選舉事務所（現制為選舉委員會），根據縣（市）所轄鄉（鎮、市、區）行政區域範圍，人口分佈、地理環境、交通狀況、應選出名額，劃分為若干選舉區，依法定期辦理選舉，選出縣（市）議員，監督縣（市）政府，推動地方自治事項。本屆選舉投票，於民國九十一年一月二十六日舉行，有關各縣（市）選舉區劃分情形，各選舉區應選出名額，及最近一次選舉投票結果，最低當選票數，分別介紹如後。

◎臺北縣議會議員選舉

　　臺北縣議會議員選舉，因全縣計有二十九個鄉（鎮、市）應選出議員名額六十五人，其中區域部分，共劃分為十二個選舉區，應選出名額六十二人；原住民部分，應選出平地原住民二人、山地原住民一人。有關選舉區劃分情形，各選舉區應選出名額，及最近一次選舉投票結果，最低當選票數，介紹如下。

　　1、第一選舉區：

　　範圍僅有板橋市，應選出名額九人，其中應有婦女當選名額二人，第十五屆議員選舉投票結果，最低當選票數為7,239票。

2、第二選舉區：

範圍僅有中和市，應選出名額七人，其中應有婦女當選名額一人，第十五屆議員選舉投票結果，最低當選票數為8,831 票。

3、第三選舉區：

範圍僅有永和市，應選出名額四人，其中應有婦女當選名額一人，第十五屆議員選舉投票結果，最低當選票數為5,475 票。

4、第四選舉區：

範圍包括土城市、樹林市、鶯歌鎮、三峽鎮，應選出名額九人，其中應有婦女當選名額二人，第十五屆議員選舉投票結果，最低當選票數為 8,284 票。

5、第五選舉區：

範圍包括三重市、蘆洲市，應選出名額十人，其中應有婦女當選名額二人，第十五屆議員選舉投票結果，最低當選票數為 10,205 票。

6、第六選舉區：

範圍包括新莊市、泰山鄉、五股鄉、林口鄉，應選出名額十人，其中應有婦女當選名額二人，第十五屆議員選舉投票結果，最低當選票數為 7,179 票。

7、第七選舉區：

範圍包括淡水鎮、八里鄉、三芝鄉、石門鄉，應選出名額三人，無婦女保障名額，第十五屆議員選舉投票結果，最低當選票為 10,610 票。

8、第八選舉區：

範圍包括汐止市、金山鄉、萬里鄉，應選出名額四人，其中應有婦女當選名額名額一人，第十五屆議員選舉投票結果，最低當選票數為 6,487 票。

9、第九選舉區：

範圍包括瑞芳鎮、雙溪鄉、貢寮鄉、平溪鄉，應選出名額一人，無婦女保障名額，第十五屆議員選舉投票結果，最低當選票數為 10,649 票。

10、第十選舉區：

範圍包括新店市、深坑鄉、石碇鄉、坪林鄉、烏來鄉，應選出名額五人，其中應有婦女當選名額一人，第十五屆議員選舉投票結果，最低當選票數為 9,304 票。

11、第十一選舉區：

範圍包括居住在各鄉（鎮、市）之平地原住民，應選出名額二人，第十五屆議員選舉投票結果，最低當選票數為 949 票。

12、第十二選舉區：

範圍包括居住在烏來鄉及平地各鄉（鎮、市）之山地原住民，應選出名額一人，第十五屆議員選舉投票結果，最低當選票數為 904 票。

◎宜蘭縣議會議員選舉

宜蘭縣議會議員選舉，因全縣計有十二個鄉（鎮、市），應選出議員名額三十四人，其中區域部分，共劃分為十二個選舉區，應選出名額三十二人；原住民部分，應選出山地原住民二人，有關選舉劃分情形，各選舉區應選出名額，及最近一次選舉投票結果，最低當選票數，介紹如下。

1、第一選舉區：

範圍僅有宜蘭市，應選出名額六人，其中應有婦女當選名額一人，第十五屆議員選舉投票結果，最低當選票數為 2,596 票。

2、第二選舉區：

範圍僅有頭城鎮，應選出名額二人，無婦女保障名額，第十五屆議員選舉投票結果，最低當選票數為 3,978 票。

3、第三選舉區：

範圍僅有礁溪鄉，應選出名額三人，無婦女保障名額，第十五屆議員選舉投票結果，最低當選票數為 4,109 票。

4、第四選舉區：

範圍僅有員山鄉，應選出名額二人，無婦女保障名額，第十五屆議員選舉投票結果，最低當選票數為 4,235 票。

5、第五選舉區：

範圍僅有壯圍鄉，應選出名額二人，無婦女保障名額，第十五屆議員選舉投票結果，最低當選票數為 4,264 票。

6、第六選舉區：

範圍僅有羅東鎮，應選出名額五人，其中應有婦女當選名額一人，第十五屆議員選舉投票結果，最低當選票數為 2,920 票。

7、第七選舉區：

範圍僅有五結鄉，應選出名額三人，無婦女保障名額，第十五屆議員選舉投票結果，最低當選票數為 3,273 票。

8、第八選舉區：

範圍僅有冬山鄉，應選出名額四人，其中應有婦女當選名額一人，第十五屆議員選舉投票結果，最低當選票數為 4,037 票。

9、第九選舉區：

範圍包括三星鄉、大同鄉，應選出名額二人，無婦女保障名額，第十五屆議員選舉投票結果，最低當選票數為 3,542 票。

10、第十選舉區：

範圍包括蘇澳鎮、南澳鄉，應選出名額三人，無婦女保障名額，第十五屆議員選舉投票結果，最低當選票數為 4,549 票。

11、第十一選舉區：

範圍包括居住在大同鄉、宜蘭市、頭城鎮、礁溪鄉、壯

圍鄉、員山鄉、三星鄉之山地原住民，應選出名額一人，第十五屆議員選舉投票結果，最低當選票數為 1,105 票。

12、第十二選舉區：

範圍包括居住在南澳鄉、羅東鎮、蘇澳鎮、冬山鄉、五結鄉之山地原住民，應選出名額一人，第十五屆議員選舉投票結果，最低當選票數為 1,504 票。

◎桃園縣議會議員選舉

桃園縣議會議員選舉，因全縣計有十四個鄉（鎮、市），應選出議員名額五十八人，其中區域部分，共劃分為十四個選舉區，應選出名額五十五人；原住民部分，應選出平地原住民二人，山地原住民一人。有關選舉區劃分情形，各選舉區應選出名額，及最近一次選舉投票結果，最低當選票數，介紹如下。

1、第一選舉區：

範圍僅有桃園市，應選出名額十一人，其中應有婦女當選名額二人，第十五屆議員選舉投票結果，最低當選票數為 4,124 票。

2、第二選舉區：

範圍僅有龜山鄉，應選出名額四人，其中應有婦女當選名額一人，第十五屆議員選舉投票結果，最低當選票數為 3,291 票。

3、第三選舉區：

範圍僅有八德市，應選出名額五人，其中應有婦女當選名額一人，第十五屆議員選舉投票結果，最低當選票數為 4,710 票。

4、第四選舉區：

範圍僅有蘆竹鄉，應選出名額三人，無婦女保障名額，第十五屆議員選舉投票結果，最低當選票數為 6,191 票。

5、第五選舉區：

範圍僅有大園鄉，應選出名額二人，無婦女保障名額，第十五屆議員選舉投票結果，最低當選票數為 7,146 票。

6、第六選舉區：

範圍包括大溪鎮、復興鄉，應選出名額三人，無婦女保障名額，第十五屆議員選舉投票結果，最低當選票數為 4,337 票。

7、第七選舉區：

範圍僅有中壢市，應選出名額十人，其中應有婦女當選名額二人，第十五屆議員選舉投票結果，最低當選票數為 5,532 票。

8、第八選舉區：

範圍僅有平鎮市，應選出名額六人，其中應有婦女當選名額一人，第十五屆議員選舉投票結果，最低當選票數為 4,362 票。

9、第九選舉區：

範圍僅有楊梅鎮，應選出名額四人，其中應有婦女當選名額一人，第十五屆議員選舉投票結果，最低當選票數為3,540票。

10、第十選舉區：

範圍僅有龍潭鄉，應選出名額三人，無婦女保障名額，第十五屆議員選舉投票結果，最低當選票數為5,968票。

11、第十一選舉區：

範圍僅有新屋鄉，應選出名額二人，無婦女保障名額，第十五屆議員選舉投票結果，最低滂選票數為5,286票。

12、第十二選舉區：

範圍僅有觀音鄉，應選出名額二人，無婦女保障名額，第十五屆議員選舉投票結果，最低當選票數為5,070票。

13、第十三選舉區：

範圍包括居住在各鄉（鎮、市）之平地原住民，應選出名額二人，無婦女保障名額，第十五屆議員選舉投票結果，最低當選票數為7,778票。

14、第十四選舉區：

範圍包括居住在復興鄉及平地其他各鄉（鎮、市）之山地原住民，應選出名額一人，第十五屆議員選舉投票結果，最低當選票數為1,513票。

◎新竹縣議會議員選舉

新竹縣議會議員選舉，因全縣計有十三個鄉（鎮、市），應選出議員名額三十四人，其中區域部分，共劃分為十一個選舉區，應選出名額三十二人；原住民部分，應選出山地原住民二人。有關選舉區劃分情形，各選舉區應選出名額，及最近一次選舉投票結果，最低當選票數，介紹如下。

1、第一選舉區：

範圍僅有竹北市，應選出名額七人，其中應有婦女當選名額一人，第十五屆議員選舉投票結果，最低當選票數為2,662票。

2、第二選舉區：

範圍僅有湖口鄉，應選出名額五人，其中應有婦女當選名額一人，第十五屆議員選舉投票結果，最低當選票數為3,024票。

3、第三選舉區：

範圍僅有新豐鄉，應選出名額四人，其中應有婦女當選名額一人，第十五屆議員選舉投票結果，最低當選票數為3,072票。

4、第四選舉區：

範圍僅有關西鎮，應選出名額二人，無婦女保障名額，第十五屆議員選舉投票結果，最低當選票數為3,938票。

5、第五選舉區：

範圍僅有新埔鎮，應選出名額三人，無婦女保障名額，第十五屆議員選舉投票結果，最低當選票數為 3,132 票。

6、第六選舉區：

範圍包括橫山鄉、尖石鄉，應選出名額一人，第十五屆議員選舉投票結果，最低當選票數為 7,680 票。

7、第七選舉區：

範圍僅有芎林鄉，應選出名額二人，無婦女保障名額，第十五屆議員選舉投票結果，最低當選票數為 2,347 票。

8、第八選舉區：

範圍包括竹東鎮、寶山鄉、五峰鄉，應選出名額七人，其中應有婦女當選名額一人，第十五屆議員選舉投票結果，最低當選票數為 2,412 票。

9、第九選舉區：

範圍包括北埔鄉、峨眉鄉，應選出名額一人，第十五屆議員選舉投票結果，最低當選票數為 3,202 票。

10、第十選舉區：

範圍包括居住在尖石鄉及關西鎮、新埔鎮、竹北市、新豐鄉、湖口鄉、橫山鄉之山地原住民，應選出名額一人，第十五屆議員選舉投票結果，最低當選票數為 1,212 票。

11、第十一選舉區：

範圍包括居住在五峰鄉、芎林鄉、竹東鎮、寶山鄉、北埔鄉、峨眉鄉之山地原住民，應選出名額一人，第十五屆議員選舉投票結果，最低當選票數為 904 票。

◎苗栗縣議會議員選舉

苗栗縣議會議員選舉，因全縣計有十八個鄉（鎮、市），應選出議員名額三十八人，其中區域部分，共劃分為八個選舉區，應選出名額三十六人；原住民部分，應選出平地原住民一人，山地原住民一人。有關選舉區劃分情形，各選舉區應選出名額，及最近一次選舉投票結果，最低當選票數，介紹如下。

1、第一選舉區：

範圍包括苗栗市、公館鄉、頭屋鄉，應選出名額九人，其中應有婦女當選名額二人，第十五屆議員選舉投票結果，最低當選票數為 3,151 票。

2、第二選舉區：

範圍包括銅鑼鄉、三義鄉、西湖鄉，應選出名額三人，無婦女保障名額，第十五屆議員選舉投票結果，最低當選票數為 4,186 票。

3、第三選舉區：

範圍包括通宵鎮、苑裡鎮，應選出名額六人，其中應有

婦女當選名額一人，第十五屆議員選舉投票結果，最低當選
票數為 3,073 票。

4、第四選舉區：

範圍包括後龍鎮、造橋鄉、竹南鎮，應選出名額八人，
其中應有婦女當選名額二人，第十五屆議員選舉投票結果，
最低當選票數為 4,057 票。

5、第五選舉區：

範圍包括頭份鎮、三灣鄉、南庄鄉，應選出名額七人，
其中應有婦女當選名額一人，第十五屆議員選舉投票結果，
最低當選票數為 2,842 票。

6、第六選舉區：

範圍包括大湖鄉、獅潭鄉、卓蘭鎮、泰安鄉，應選出名
額三人，無婦女保障名額，第十五屆議員選舉投票結果，最
低當選票數為 2,621 票。

7、第七選舉區：

範圍包括居住在各鄉（鎮、市）之平地原住民，應選出
名額一人，第十五屆議員選舉投票結果，最低當選票數為
917 票。

8、第八選舉區：

範圍包括居住在泰安鄉及其餘各鄉（鎮、市）之山地原
住民，應選出名額一人，第十五屆議員選舉投票結果，最低
當選票數為 1,215 票。

◆臺中縣議會議員選舉

臺中縣議會議員選舉，因全縣計有二十一個鄉（鎮、市），應選出議員名額五十七人，其中區域部分，共劃分為九個選舉區，應選出名額五十五人；原住民部分，應選出平地原住民一人，山地原住民一人。有關選舉區劃分情形，各選舉區應選出名額，及最近一次選舉投票結果，最低當選票數，介紹如下。

1、第一選舉區：

範圍包括豐原市、后里鄉，應選出名額八人，其中應有婦女當選名額二人，第十五屆議員選舉投票結果，最低當選票數為 4,780 票。

2、第二選舉區：

範圍包括潭子鄉、大雅鄉、神岡鄉，應選出名額八人，其中應有婦女當選名額二人，第十五屆議員選舉投票結果，最低當選票數為 5,566 票。

3、第三選舉區：

範圍包括東勢鎮、新社鄉、石岡鄉、和平鄉，應選出名額四人，其中應有婦女當選名額一人，第十五屆議員選舉投票結果，最低當選票數為 6,430 票。

4、第四選舉區：

範圍包括外埔鄉、大甲鎮、大安鄉，應選出名額五人，

其中應有婦女當選名額一人，第十五屆議員選舉投票結果，最低當選票數為 4,982 票。

5、第五選舉區：

範圍包括清水鎮、梧棲鎮、沙鹿鎮，應選出名額八人，其中應有婦女當選名額一人，第十五屆議員選舉投票結果，最低當選票數為 5,330 票。

6、第六選舉區：

範圍包括龍井鄉、大肚鄉、烏日鄉，應選出名額七人，其中應有婦女當選名額一人，第十五屆議員選舉投票結果，最低當選票數為 5,210 票。

7、第七選舉區：

範圍包括大里市及霧峰鄉，應選出名額九人，其中應有婦女當選名額二人，第十五屆議員選舉投票結果，最低當選票屬為 4,344 票。

8、第八選舉區：

範圍僅有太平市，應選出名額六人，其中應有婦女當選名額一人，第十五屆議員選舉投票結果，最低當選票數為 5,565 票。

9、第九選舉區：

範圍包括居住在各鄉（鎮、市）之平地原住民，應選出名額一人。第十五屆議員選舉投票結果，最低當選票數為 492 票。

10、第十選舉區：

範圍包括居住在各鄉（鎮、市）之山地原住民，應選出名額一人，第十五議員選舉投票結果，屆最低當選票數為838票。

◎彰化縣議會議員選舉

彰化縣議會議員選舉，全縣計有二十六個鄉（鎮、市），應選出議員名額五十四人，其中區域部分，共劃分為八個選舉，應選出名額五十三人；原住民部分，應選出一人。有關選舉區劃分情形，各選舉區應出名額，及最近一次選舉投票結果，最低當選票數，介紹如下。

1、第一選舉區：

範圍包括彰化市、花壇鄉、芬園鄉應選出名額十二人，其中應有婦女當選名額三人，第十五屆議員選舉投票結果，最低當選票數為4,144票。

2、第二選舉區：

範圍包括鹿港鎮、福興鄉、秀水鄉，應選出名額七人，其中應有婦女當選名額一人，第十五屆議員選舉投票結果，最低當選票數為6,498票。

3、第三選舉區：

範圍包括和美鎮、伸港鄉、線西鄉，應選出名額六人，其中應選有婦女當選名額一人，第十五屆議員選舉投票結果，最低當選票數為5,867票。

4、第四選舉區：

範圍包括員林鎮、大村鄉、永靖鄉，應選出名額八人，其中應有婦女當選名額二人，第十五屆議員選舉投票結果，最低當選票數為 5,766 票。

5、第五選舉區：

範圍包括溪湖鎮、埔鹽鄉、埔心鄉，應選出名額五人，其中應有婦女當選名額一人，第十五屆議員選舉投票結果，最低當選票數為 5,784 票。

6、第六選舉區：

範圍包括田中鎮、社頭鄉、二水鄉，應選出名額五人，其中應有婦女當選名額一人，第十五屆議員選舉投票結果，最低當選票數為 5,590 票。

7、第七選舉區：

範圍包括北斗鎮、田尾鄉、埤頭鄉、溪州鄉，應選出名額五人，其中應有婦女當選名額一人，第十五屆議員選舉投票結果，最低當選票數為 7,538 票。

8、第八選舉區：

範圍包括二林鎮、大城鄉、芳苑鄉、竹塘鄉，應選出名額六人，其中應有婦女當選名額一人，第十五屆議員選舉投票結果，最低當選票數為 7,176 票。

9、第九選舉區：

以全縣為選舉區，應選出原住民議員名額一人，第十五屆議員選舉投票結果，最低當選票數為 283 票。

◎南投縣議會議員選舉

南投縣議會議員選舉，因全縣計有十三個鄉（鎮、市），應選出議員名額三十七人，其中區域部分，共劃分為七個選舉區，應選出名額三十五人；原住民部分，應選出山地原住民二人。有關選舉區劃分情形，各選舉區應選出名額，及最近一次選舉投票結果，最低當選票數，介紹如下。

1、第一選舉區：

範圍包括南投市、名間鄉，應選出名額十人，其中應有婦女當選名額二人，第十五屆議員選舉投票結果，最低當選票數為 3,085 票。

2、第二選舉區：

範圍包括草屯鎮、中寮鄉，應選出名額八人，其中應有婦女當選名額二人，第十五屆議員選舉投票結果，最低當選票數為 3,555 票。

3、第三選舉區：

範圍包括集集鎮、水里鄉、魚池鄉、信義鄉，應選出名額四人，其中應有婦女當選名額一人，第十五屆議員選舉投票結果，最低當選票數為 4,200 票。

4、第四選舉區：

範圍包括竹山鎮、鹿谷鄉，應選出名額五人，其中應有婦女當選名額一人，第十五屆議員選舉投票結果，最低當選票數為 3,439 票。

5、第五選舉區：

範圍包括埔里鎮、國姓鄉、仁愛鄉，應選出名額八人，其中應有婦女當選名額二人，第十五屆議員選舉投票結果，最低當選票數為 2,715 票。

6、第六選舉區：

範圍包括居住在信義鄉、水里鄉、集集鎮、魚池鄉、名間鄉、竹山鎮、鹿谷鄉之山地原住民，應選出名額一人，第十五屆議員選舉投票結果，最低當選票數為 1,737 票。

7、第七選舉區：

範圍包括居住在仁愛鄉、埔里鎮、國姓鄉、中寮鄉、草屯鎮、南投市之山地原住民，應選出名額一人，第十五屆議員選舉投票結果，最低當選票數為 3,347 票。

◎雲林縣議會議員選舉

雲林縣議會議員選舉，因全縣計有二十個鄉（鎮、市），共劃分為六個選舉區，應選出區域議員名額四十三人。有關選舉區劃分情形，各選舉區應選出名額，及最近一次選舉投票結果，最低當選票數，介紹如下。

1、第一選舉區：

範圍包括斗六市、莿桐鄉、林內鄉，應選出名額九人，其中應有婦女當選名額二人，第十五屆議員選舉投票結果，最低當選票數為 4,739 票。

2、第二選舉區：

範圍包括斗南鎮、古坑鄉，大埤鄉，應選出名額六人，其中應有婦女當選名額一人，第十五屆議員選舉投票結果，最低當選票數為 4,615 票。

3、第三選舉區：

範圍包括虎尾鎮、土庫鎮、褒忠鄉、元長鄉，應選出名額八人，其中應有婦女當選名額二人，第十五屆議員選舉投票結果，最低當選票數為 5,404 票。

4、第四選舉區：

範圍包括西螺鎮、二崙鄉、崙背鄉，應選出名額七人，其中應有婦女當選名額一人，第十五屆議員選舉投票結果，最低當選票數為 3,318 票。

5、第五選舉區：

範圍包括臺西鄉、麥寮鄉、東勢鄉、四湖鄉，應選出名額六人，其中應有婦女當選名額一人，第十五屆議員選舉投票結果，最低當選票數為 3,822 票。

6、第六選舉區：

範圍包括北港鎮、口湖鄉、水林鄉，應選出名額六人，其中應有婦女當選名額一人，第十五屆議員選舉投票結果，最低當選票數為 5,063 票。

◎嘉義縣議會議員選舉

嘉義縣議會議員選舉，因全縣計有十八個鄉（鎮、市），應選出議員名額三十七人，其中區域部分，共劃分為七個選舉區，應選出名額三十六人；原住民部分，應選出山地原住民一人。有關選舉區劃分情，各選舉區應選出名額，及最近一次選舉投票結果，最低當選票數，介紹如下。

1、第一選舉區：

範圍包括鹿草鄉、太保市、水上鄉，應選出名額七人，其中應有婦女當選名額一人，第十五屆議員選舉投票結果，最低當選票數為 4,174 票。

2、第二選舉區：

範圍包括民雄鄉、新港鄉，應選出名額七人，其中應有婦女當選名額一人，第十五屆議員選舉投票結果，最低當選票數為 3,553 票。

3、第三選舉區：

範圍包括大林鄉、溪口鄉、梅山鄉，應選出名額五人，其中應有婦女當選名額一人，第十五屆議員選舉投票結果，最低當選票數為 3,529 票。

4、第四選舉區：

範圍包括朴子市、六腳鄉、東石鄉，應選出名額六人，其中應有婦女當選名額一人，第十五屆議員選舉投票結果，最低當選票數為 4,490 票。

5、第五選舉區：

範圍包括布袋鎮、義竹鄉，應選出名額四人，其中應有婦女當選名額一人，第十五屆議員選舉投票結果，最低當選票數為 4,537 票。

6、第六選舉區：

範圍包括中埔鄉、竹崎鄉、番路鄉、大埔鄉、阿里山鄉，應選出名額七人，其中應有婦女當選名額一人，第十五屆議員選舉投票結果，最低當選票數為 4,497 票。

7、第七選舉區：

範圍包括阿里山鄉，以及居住在其他鄉（鎮、市）之山地原住民，應選出名額一人，第十五屆議員選舉投票結果，最低當選票數為 762 票。

◎臺南縣議會議員選舉

臺南縣議會議員選舉，因全縣計有三十一個鄉（鎮、市），共劃分為十個選舉區，應選出議員名額五十人。有關選舉區劃分情形，各選舉區應選出名額，最近一次選舉投票結果，最低當選票數，介紹如下。

1、第一選舉區：

範圍包括新營市、鹽水鎮、柳營鄉，應選出名額六人，其中應有婦女當選名額一人，第十五屆議員選舉投票結果，最低當選票數為 5,162 票。

2、第二選舉區：

範圍包括白河鎮、後壁鄉、東山鄉，應選出名額四人，其中應有婦女當選名額一人，第十五屆議員選舉投票結果，最低當選票數為 6,409 票。

3、第三選舉區：

範圍包括麻豆鎮、下營鄉、六甲鄉、官田鄉，應選出名額六人，其中應有婦女當選名額一人，第十五屆議員選舉投票結果，最低當選票數為 5,428 票。

4、第四選舉區：

範圍包括佳里鎮、西港鄉、七股鄉，應選出名額五人，其中應有婦女當選名額一人，第十五屆議員選舉投票結果，最低當選票數為 6,567 票。

5、第五選舉區：

範圍包括學甲鎮、將軍鄉、北門鄉，應選出名額三人，無婦女保障名額，第十五屆議員選舉投票結果，最低當選票數為 7,735 票。

6、第六選舉區：

範圍包括新化鎮、山上鄉、大內鄉，應選出名額三人，無婦女保障名額，第十五屆議員選舉投票結果，最低當選票數為 5,592 票。

7、第七選舉區：

範圍包括善化鎮、安定鄉，應選出名額三人，無婦女保障名額，第十五屆議員選舉投票結果，最低當選票數為 7,146 票。

8、第八選舉區：

範圍包括玉井鄉、南西鄉、南化鄉、左鎮鄉，應選出名額二人，無婦女保障名額，第十五屆議員選舉投票結果，最低當選票數為 7,103 票。

9、第九選舉區：

範圍包括歸仁鄉、仁德鄉、關廟鄉、龍崎鄉，應選出名額八人，其中應有婦女當選名額一人，第十五屆議員選舉投票結果，最低當選票數為 5,684 票。

10、第十選舉區：

範圍包括永康市、新市鄉，應選出名額十人，其中應有婦女當選名額二人，第十五屆議員選舉投票結果，最低當選票數為 4,059 票。

◎高雄縣議會議員選舉

高雄縣議會議員選舉，因全縣計有二十七個鄉（鎮、市），應選出議員名額五十四人，其中區域部分，共劃分為十二個選舉區，應選出名額五十人；原住民部分，應選出平地原住民一人，山地原住民三人。有關選舉區劃分情形，各選舉區應選出名額，及最近一次選舉投票結果，最低當選票數，介紹如下。

1、第一選舉區：

範圍僅有鳳山市，應選出名額十三人，其中應有婦女當選名額三人，第十五屆議員選舉投票結果，最低當選票數為3,823票。

2、第二選舉區：

範圍包括大樹鄉、仁武鄉、大社鄉、鳥松鄉，應選出名額七人，其中應有婦女當選名額一人，第十五屆議員選舉投票結果，最低當選票數為7,293票。

3、第三選舉區：

範圍包括林園鄉、大寮鄉，應選出名額八人，其中應有婦女當選名額二人，第十五屆議員選舉投票結果，最低當選票數為5,586票。

4、第四選舉區：

範圍包括岡山鎮、橋頭鄉、燕巢鄉、彌陀鄉、永安鄉、

梓官鄉，應選出名額十人，其中應有婦女當選名額二人，第十五屆議員選舉投票結果，最低當選票數為 5,783 票。

5、第五選舉區：

範圍包括路竹鄉、湖內鄉、茄萣鄉、田寮鄉、阿蓮鄉，應選出名額六人，其中應有婦女當選名額一人，第十五屆議員選舉投票結果，最低當選票數為 7,479 票。

6、第六選舉區：

範圍包括旗山鎮、內門鄉、杉林鄉、甲仙鄉、三民鄉、美濃鎮，六龜鄉、桃源鄉、茂林鄉，應選出名額六人，其中應有婦女當選名額一人，第十五屆議員選舉投票結果，最低當選票數為 7,297 票。

7、第七選舉區：

範圍包括居住在各鄉（鎮、市）之平地原住民，應選出名額一人，第十五屆議員選舉投票結果，最低當選票數為 357 票。

8、第八選舉區：

範圍包括鳳山市、大樹鄉、仁武鄉、大社鄉、鳥松鄉、林園鄉、大寮鄉之山地原住民，應選出名額二人，無婦女保障名額，第十五屆議員選舉投票結果，最低當選票數為 683 票。

9、第九選舉區：

範圍包括居住在桃源鄉、岡山鎮、橋頭鄉、燕巢鄉、田寮鄉、阿連鄉、美濃鎮、六龜鄉之山地原住民，應選出名額一人，第十五屆議員選舉投票結果，最低當選票數為 1,098 票。

10、第十選舉區：

範圍包括居住在三民鄉、彌陀鄉、梓官鄉、湖內鄉、茄萣鄉、旗山鎮、內門鄉、杉林鄉、甲仙鄉之山地原住民，應選出名額一人，第十五屆議員選舉投票結果，最低當選票數為 768 票。

◎屏東縣議會議員選舉

屏東縣議會議員選舉，因全縣計有三十三個鄉（鎮、市），應選出議員名額五十五人，其中區域部分，共劃分為十六個選舉區，應選出名額四十六人；原住民部分，應選出平地原住民一人，山地原住民八人。有關選舉區劃分情形，各選舉區應選出名額，及最近一次選舉投票結果，最低當選票數，介紹如下。

1、第一選舉區：

範圍僅有屏東市，應選出名額十一人，其中應有婦女當選名額二人，第十五屆議員選舉投票結果，最低當選票數為 3,668 票。

2、第二選舉區：

範圍包括長治鄉、麟洛鄉、九如鄉、里港鄉、鹽埔鄉、高樹鄉、三地門鄉、瑪家鄉、霧臺鄉，應選出名額八人，其中應有婦女當選名額二人，第十五屆議員選舉投票結果，最低當選票數為 5,896 票。

3、第三選舉區：

範圍包括潮州鎮、萬巒鄉、內埔鄉、竹田鄉、新埤鄉、枋寮鄉、泰武鄉、來義鄉、春日鄉，應選出名額十一人，其中應有婦女當選名額二人，第十五屆議員選舉投票結果，最低當選票數為 4,744 票。

4、第四選舉區：

範圍包括東港鎮、新園鄉、萬丹鄉，應選出名額八人，其中應有婦女當選名額二人，第十五屆議員選舉投票結果，最低當選票數為 5,536 票。

5、第五選舉區：

範圍包括林邊鄉、南州鄉、佳冬鄉、崁頂鄉，應選出名額四人，其中應有婦女當選名額一人，第十五屆議員選舉投票結果，最低當選票數為 6,245 票。

6、第六選舉區：

範圍包括恆春鎮、滿州鄉、車城鄉、枋山鄉、獅子鄉、牡丹鄉，應選出名額三人，無婦女保障名額，第十五屆議員選舉投票結果，最低當選票數為 5,920 票。

7、第七選舉區：

範圍僅有琉球鄉，應選出名額一人，第十五屆議員選舉投票結果，最低當選票數為 4,473 票。

8、第八選舉區：

範圍包括居住在各鄉（鎮、市）之平地原住民，應選出名額一人，第十五屆議員選舉投票結果，最低當選票數為 937 票。

9、第九選舉區：

範圍包括居住在三地門鄉、高樹鄉、鹽埔鄉、里港鄉、九如鄉之山地原住民，應選出名額一人，第十五屆議員選舉投票結果，最低當選票數為 3,399 票。

10、第十選舉區：

範圍包括居住在瑪家鄉、內埔鄉、長治鄉、麟洛鄉、屏東市之山地原住民，應選出名額一人，第十五屆議員選舉投票結果，最低當選票數為 2,443 票。

11、第十一選舉區：

範圍包括居住在泰武鄉、萬巒鄉、竹田鄉、萬丹鄉等鄉之山地原住民，應選出名額一人，第十五屆議員選舉投票結果，最低當選票數為 1,630 票。

12、第十二選舉區：

範圍包括居住在來義鄉、新埤鄉、潮州鎮、崁頂鄉、新

園鄉、南州鄉之山地原住民，應選出名額一人，第十五屆議員選舉投票結果，最低當選票數為 2,337 票。

13、第十三選舉區：

範圍包括居住在春日鄉、枋寮鄉、佳冬鄉、林邊鄉、東港鎮、琉球鄉之山地原住民，應選出名額一人，第十五屆議員選舉投票結果，最低當選票數為 1,840 票。

14、第十四選舉區：

範圍包括居住在獅子鄉、枋寮鄉之山地原住民，應選出名額一人，第十五屆議員選舉投票結果，最低當選票數為 2,280 票。

15、第十五選舉區：

範圍包括居住在牡丹鄉、車城鄉、恆春鎮、滿州鄉之山地原住民，應選出名額一人，第十五屆議員選舉投票結果，最低當選票數為 1,081 票。

16、第十六選舉區：

範圍以居住在霧臺鄉之山地原住民，應選出名額一人，第十五屆議員選舉投票結果，最低當選票數為 595 票。

◎臺東縣議會議員選舉

臺東縣議會議員選舉，因全縣計有十六個鄉（鎮、市），應選出議員名額三十人，其中區域部分，共劃分為十四個選舉區，應選出名額十七人；原住民部分，應選出平地原住民

八人（應有婦女當選名額二人），山地原住民五人（應有婦女
當選名額一人）。有關選舉區劃分情形，各選舉區應選出名
額，及最近一次選選舉投票結果，最低當選票數，介紹如下。

1、第一選舉區：

範圍包括臺東市、蘭嶼鄉、綠島鄉，應選出名額十人，
其中應有婦女當選名額二人，第十五屆議員選舉投票結果，
最低當選票數為 1,933 票。

2、第二選舉區：

範圍包括卑南鄉、延平鄉，應選出名額一人，第十五屆
議員選舉投票結果，最低當選票數為 3,224 票。

3、第三選舉區：

範圍包括東河鄉、成功鎮、長濱鄉，應選出名額二人，
無婦女保障名額，第十五屆議員選舉投票結果，最低當選票
數為 2,900 票。

4、第四選舉區：

範圍包括鹿野鄉、關山鎮、海端鄉、池上鄉，應選出名
額三人，無婦女保障名額，第十五屆議員選舉投票結果，最
低當選票數為 2,333 票。

5、第五選舉區：

範圍包括太麻里鄉、金峰鄉、達仁鄉、大武鄉，應選出
名額一人，第十五屆議員選舉投票結果，最低當選票數為
3,462 票。

6、第六選舉區：

範圍包括居住在臺東市之平地原住民，應選出名額二人，無婦女保障名額，第十五屆議員選舉投票結果，最低當選票數為 1,365 票。

7、第七選舉區：

範圍包括居住在卑南鄉、太麻里鄉、金峰鄉、達仁鄉、大武鄉、蘭嶼鄉之平地原住民，應選出名額二人，無婦女保障名額，第十五屆議員選舉投票結果，最低當選票數為 1,455 票。

8、第八選舉區：

範圍包括居住在鹿野鄉、延平鄉、關山鎮、海端鄉、池上鄉之平地原住民，應選出名額一人，第十五屆議員選舉投票結果，最低當選票數為 1,088 票。

9、第九選舉區：

範圍包括東河鄉、綠島鄉、成功鎮、長濱鄉之平地原住民，應選出名額三人，無婦女保障名額，第十五屆議員選舉投票結果，最低當選票數為 1,433 票。

10、第十選舉區：

範圍包括居住在延平鄉、卑南鄉、東河鄉、成功鎮、長濱鄉之山地原住民，應選出名額一人，第十五屆議員選舉投票結果，最低當選票數為 966 票。

11、第十一選舉區：

範圍包括在海端鄉、鹿野鄉、關山鎮、池上鄉之山地原住民，應選出名額一人，第十五屆議員選舉投票結果，最低當選票數為 1,304 票。

12、第十二選舉區：

範圍包括居住在金峰鄉、太麻里鄉之山地原住民，應選出名額一人，第十五屆議員選舉投票結果，最低當選票數為912 票。

13、第十三選舉區：

範圍包括居住在達仁鄉、大武鄉之山地原住民，應選出名額一人，第十五屆議員選舉投票結果，最低當選票數為953 票。

14、第十四選舉區：

範圍包括居住在臺東市、蘭嶼鄉、綠島鄉之山地原住民，應選出名額一人，第十五屆議員選舉投票結果，最低當選票數為 612 票。

◎花蓮縣議會議員選舉

花蓮縣議會議員選舉，因全縣計有十三個鄉（鎮、市），應選出議員名額三十三人，其中區域部分，共劃分為十個選舉區，應選出名額二十三人；原住民部分，應選出平地原住民七人，山地原住民三人。有關選舉區劃分情形，各選舉區

應選出名額，及最近一次選舉投票結果，最低當選票數，介紹如下。

1、第一選舉區：

範圍僅有花蓮市，應選出名額九人，其中應有婦女當選名額二人，第十五屆議員選舉投票結果，最低當選票數為2,022 票。

2、第二選舉區：

範圍包括新城鄉、秀林鄉，應選出名額二人，無婦女保障名額，第十五屆議員選舉投票結果，最低當選票數為 3,763 票。

3、第三選舉區：

範圍包括吉安鄉、壽豐鄉、鳳林鎮、光復鄉、豐濱鄉、萬榮鄉，應選出名額九人，其中應有婦女當選名額二人，第十五屆議員選舉投票結果，最低當選票數為 2,241 票。

4、第四選舉區：

範圍包括瑞穗鄉、玉里鎮、富里鄉、卓溪鄉，應選出名額四人，其中應有婦女當選名額一人，第十五屆議員選舉投票結果，最低當選票數為 2,634 票。

5、第五選舉區：

範圍包括居住在花蓮市、新城鄉、秀林鄉、吉仁鄉之平地原住民，應選出名額二人，無婦女保障名額，第十五屆議

員選舉投票結果，最低當選票數為 1,354 票。

　　6、第六選舉區：

　　範圍包括居住在壽豐鄉、鳳林鎮、光復鄉、豐濱鄉、萬榮鄉之平地原住民，應選出名額三人，無婦女保障名額，第十五屆議員選舉投票結果，最低當選票數為 1,354 票。

　　7、第七選舉區：

　　範圍包括居住在瑞穗鄉、玉里鎮、富里鄉、卓溪鄉之平地原住民，應選出名額二人，無婦女保障名額，第十五屆議員選舉投票結果，最低當選票數為 1,214 票。

　　8、第八選舉區：

　　範圍包括居住在花蓮市、秀林鄉、新城鄉、吉安鄉、壽豐鄉之山地原住民，應選出名額一人，第十五屆議員選舉投票結果，最低當選票數為 5,960 票。

　　9、第九選舉區：

　　範圍包括居住在萬榮鄉、鳳林鎮、光復鄉、豐濱鄉、瑞穗鄉之山地原住民，應選出名額一人，第十五屆議員選舉投票結果，最低當選票數為 1,595 票。

　　10、第十選舉區：

　　範圍包括居住在卓溪鄉、玉里鎮、富里鄉之山地原住民，應選出名額一人，第十五屆議員選舉投票結果，最低當選票數為 1,613 票。

◎澎湖縣議會議員選舉

澎湖縣議會議員選舉，因全縣計有六個鄉（市），共劃分為六個選舉區，應選出區域議員名額十九人。有關選舉區劃分情形，各選舉區應選出名額，及最近一次選舉投票結果，最低當選票數，介紹如下。

1、第一選舉區：

範圍僅有馬公市，應選出名額十一人，其中應有婦女當選名額二人，第十五屆議員選舉投票結果，最低當選票數為1,349票。

2、第二選舉區：

範圍僅有湖西鄉，應選出名額二人，無婦女保障名額，第十五屆議員選舉投票結果，最低當選票數為1,340票。

3、第三選舉區：

範圍僅有白沙鄉，應選出名額二人，無婦女保障名額，第十五屆議員選舉投票結果，最低當選票數為1,931票。

4、第四選舉區：

範圍僅有西嶼鄉，應選出名額二人，無婦女保障名額，第十五屆議員選舉投票結果，最低當選票數為1,111票。

5、第五選舉區：

範圍僅有望安鄉，應選出名額一人，第十五屆議員選舉投票結果，最低當選票數為1,478票。

6、第六選舉區：

範圍僅有七美鄉，應選出名額一人，第十五屆議員選舉投票結果，最低當選票數為 815 票。

◎基隆市議會議員選舉

基隆市議會議員選舉，因全市計有七個區，應選出議員名額三十二人，其中區域部分，共劃分為七個選舉區，應選出名額三十一人；原住民部分，應選出平地原住民一人。有關選舉區劃分情形，各選舉區應選出名額，及最近一次選舉投票結果，最低當選票數，介紹如下。

1、第一選舉區：

範圍僅有中正區，應選出名額五人，其中應有婦女當選名額一人，第十五屆議員選舉投票結果，最低當選票數為 2,134 票。

2、第二選舉區：

範圍僅有信義區，應選出名額四人，其中應有婦女當選名額一人，第十五屆議員選舉投票結果，最低當選票數為 2,027 票。

3、第三選舉區：

範圍僅有仁愛區，應選出名額四人，其中應有婦女當選名額一人，第十五屆議員選舉投票結果，最低當選票數為 2,173 票。

4、第四選舉區：

範圍僅有中山區，應選出名額四人，其中應有婦女當選名額一人，第十五屆議員選舉投票結果，最低當選票數為2,402票。

5、第五選舉區：

範圍僅有安樂區，應選出名額七人，其中應有婦女當選名額一人，第十五屆議員選舉投票結果，最低當選票數為2,127票。

6、第六選舉區：

範圍僅有暖暖區，應選出名額三人，無婦女保障名額，第十五屆議員選舉投票結果，最低當選票數為2,773票。

7、第七選舉區：

範圍僅有七堵區，應選出名額四人，其中應有婦女當選名額一人，第十五屆議員選舉投票結果，最低當選票數為1,804票。

8、第八選舉區：

以本市為選舉區，應選出原住民議員名額一人，第十五屆議員選舉投票結果，最低當選票數為1,245票。

◆新竹市議會議員選舉

新竹市議會議員選舉，因全市計有三個行政區，共劃分為五個選舉區，應選出區域議員名額三十一人。有關選舉區

劃分情形，各選舉區應選出名額，及最近一次選舉投票結果，最低當選票數，介紹如下。

　　1、第一選舉區：

　　範圍包括東區東門等三十六個里，應選出名額十人，其中應有婦女當選名額二人，第十五屆議員選舉投票結果，最低當票數為 1,715 票。

　　2、第二選舉區：

　　範圍包括東區南門等十四個里，應選出名額四人，其中應有婦女當選名額一人，第十五屆議員選舉投票結果，最低當選票數為 2,535 票。

　　3、第三選舉區：

　　範圍包括北區客雅里等十四個里，應選出名額三人，無婦女保障名額，第十五屆議員選舉投票結果，最低當選票數為 2,137 票。

　　4、第四選舉區：

　　範圍包括北區北門等三十四個里，應選出名額八人，其中應有婦女當選名額二人，第十五屆議員選舉投票結果，最低當選票數為 1,469 票。

　　5、第五選舉區：

　　範圍僅有香山區，共計二十四個里，應選出名額六人，其中應有婦女當選名額一人，第十五屆議員選舉投票結果，最低當選票數為 2,055 票。

◎臺中市議會議員選舉

臺中市議會議員選舉，因全市計有八個行政區，應選出議員名額四十六人，其中區域部分，共劃分為六個選舉區，應選出名額四十五人；原住民部分，應選出名額一人。有關選舉區劃分情形，各選舉區應選出名額，及最近一次選舉投票結果，最低當選票數，介紹如下。

1、第一選舉區：

範圍包括中區及西區，應選出名額六人，其中應有婦女當選名額一人，第十五屆議員選舉投票結果，最低當選票數為 3,408 票。

2、第二選舉區：

範圍僅有北區，應選出名額七人，其中應有婦女當選名額一人，第十五屆議員選舉投票結果，最低當選票數為 2,137 票。

3、第三選舉區：

範圍包括東區及南區，應選出名額八人，其中應有婦女當選名額二人，第十五屆議員選舉投票結果，最低當選票數為 3,378 票。

4、第四選舉區：

範圍僅有西屯區，應選出名額八人，其中應有婦女當選名額二人，第十五屆議員選舉投票結果，最低當選票數為 2,930 票。

5、第五選舉區：

範圍僅有南屯區，應選出名額六人，其中應有婦女當選名額一人，第十五屆議員選舉投票結果，最低當選票數為2,912 票。

6、第六選舉區：

範圍僅有北屯區，應選出名額十人，其中應有婦女當選名額二人，第十五屆議員選舉投票結果，最低當選票數為3,652 票。

7、第七選舉區：

以本市為選舉區，應選出原住民議員名額一人，第十五屆議員選舉投票結果，最低當選票數為 137 票。

◎嘉義市議會議員選舉

嘉義市議會議員選舉，因全市僅有東、西兩個行政區，以行政區為選舉區，應選出議員名額二十三人。有關選舉區劃分情形，各選舉區應選出名額，及最近一次選舉投票結果，最低當選票數，介紹如下。

1、第一選舉區

範圍僅有東區，應選出名額十一人，其中應有婦女當選名額二人，第十五屆議員選舉投票結果，最低當選票數為2,736 票。

2、第二選舉區：

範圍僅有西區，應選出名額十二人，其中應有婦女當選名額二人，第十五屆議員選舉投票結果，最低當選票數為2,355票。

◎臺南市議會議員選舉

臺南市議會議員選舉，因全市計有七個行政區，共劃分為六個選舉區，應選出議員名額四十一人。有關選舉區劃分情形，各選舉區應選出名額，及最近一次選舉投票結果，最低當選票數，介紹如下。

1、第一選舉區：

範圍僅有東區，應選出名額十人，其中應有婦女當選名額二人，第十五屆議員選舉投票結果，最低當選票數為2,903票。

2、第二選舉區：

範圍僅有南區，應選出名額七人，其中應有婦女當選名額一人，第十五屆議員選舉投票結果，最低當選票數為3,331票。

3、第三選舉區：

範圍包括中區及西區，應選出名額五人，其中應有婦女當選名額一人，第十五屆議員選舉投票結果，最低當選票數為3,146票。

4、第四選舉區：

範圍僅有北區，應選出名額七人，其中應有婦女當選名額一人，第十五屆議員選舉投票結果，最低當選票數為 3,293 票。

5、第五選舉區：

範圍僅有安南區，應選出名額九人，其中應有婦女當選名額二人，第十五屆議員選舉投票結果，最低當選票數為 3,098 票。

6、第六選舉區：

範圍僅有安平區，應選出名額三人，無婦女保障名額，第十五屆議員選舉投票結果，最低當選票數為 3,069 票。

◆縣（市）長選舉

臺灣省計有二十一個縣（市），其中名為「縣」者，有十六個，另有五個稱為「省轄市」，縣（市）長，均由直接民選產生，於民國三十九年實施地方自治開始辦理，每一任期四年，連選得連任一次。自「精省」之後，縣（市）與中央關係，顯得較為密切，公務直接來往，據稱可減少公文承轉層級，藉機提高行政效率，加強便民服務功能。其職務及角色，與過去相比，似乎不可同日而語，深受各界重視，其參與角逐者日益眾多，其競爭激烈情況，由此可想而知。

本屆縣（市）長選舉，全省均於民國九十年十二月一日同步舉行投票，至於投票情形，及其選舉結果，請看以下介紹。

◎臺北縣縣長選舉

　　臺北縣縣長選舉，形式上有四位候選人參與角逐，但實際上是藍、綠兩大陣營之間的對決，也是代表泛藍的王建煊先生，與代表綠營的蘇貞昌先生，兩人之間一次「旗鼓相當」，「勢均力敵」之爭，由於競爭情況相當激烈，經過投票結果，蘇貞昌先生藉著執政優勢，獲得874,495票，得票率為51.31％，以53,687票之多，領先泛藍陣營，再度連任成功，穩住縣長寶座，鞏固民進黨在臺灣第一大縣的執政權。至於王建煊先生，雖然資歷完整，形象極佳，為人清廉，並有愛心，且獲得小馬哥跨區相挺，但因起步較晚，加上國、親票源未能完全整合成功，最後仍舊不幸高票落選，使藍軍收復北縣美夢，再度破滅。

　　王建煊先生此次選舉，共獲得 820,808 票，得票率為48.69％，雖然犧牲自己，但卻照亮泛藍陣營，尤其落選後肯將競選結餘款項，連同政府補貼經費，扣除競選費用外，剩餘 32,920,320 元，全部捐助北縣公益慈善團體，嘉惠北縣弱勢族群，備受推崇。

　　王建煊先生的表現，不僅將為今後泛藍勢力整合，開創新的模式，也為我國選舉史，樹立優良典範，更為照顧弱勢族群，勾勒出新的方向，真不愧為「王聖人」也！

◎宜蘭縣縣長選舉

　　宜蘭縣縣長選舉，基本上也是四位候選人參與角逐，但實際上仍舊是藍、綠兩大陣營對決局面，經過投票結果，民

主進步黨籍之劉守成先生，由於政績不錯，藉著執政優勢，獲得 106,313 票，得票率為 50.88％，終於以 7,739 票之差，贏得勝利，連任成功，穩住縣長寶座。

中國國民黨籍之呂國華先生，共獲得 98,574 票，得票率為 47.18％，雖然不能贏得選戰勝利，但實力不容忽視，如果再加以時日經營，必然有出線機會。

◎桃園縣縣長選舉

桃園縣選舉，表面上也有三位候選人參與角逐，但實際上依舊是藍、綠兩大陣營對決局面，選戰一經開始，「八卦新聞」四起，口水不斷，競爭情況相當激烈，經過選舉投票結果，中國國民黨籍之朱立倫先生，竟然獲得 441,827 票，得票率為 55.24％，以 88,259 票之多，一舉贏得選戰勝利，拿下縣長寶座，不僅為中國國民黨收復桃園縣，也終結民進黨爭取連任夢想。

民主進步黨籍之彭紹瑾先生，獲得 353,568 票，得票率為 44.20％，最後不幸敗下陣來，讓民進黨丟掉桃園縣的執政權。

◎新竹縣縣長選舉

新竹縣縣長選舉，一開始就形成藍、綠對決局面，繼續爭取連任的民主進步黨籍林光華先生，先天上雖然佔有執政優勢，很有勝算，一直被看好，但經過選舉投票結果，中國國民黨籍之鄭永金先生，竟然獲得 112,595 票，得票率為 53.61％，漂亮贏得選戰勝利，拿下縣長寶座，不僅為中國

國民黨收復新竹縣江山，也粉碎林光華先生爭取連任夢想，其貢獻值得肯定。

至於民進黨籍之林光華先生，雖然努力奮戰，但僅獲得97,420票，得票率為46.39％，最後不幸敗下陣來，不僅喪失縣長寶座，也讓民進黨丟掉新竹縣執政權。

◎苗栗縣縣長選舉

苗栗縣縣長選舉，雖然有四位候選人參與角逐，現任縣長傅學鵬先生，仍舊以無黨籍身分參選，先天上佔有執政優勢，因此始終保持領先地位，經過選舉投票結果，竟然不出所料，獲得135,786票，得票率為52.56％，以絕對優勢比率獲得勝利，繼續穩住縣長寶座，再度贏得執政機會。

中國國民黨籍之徐享崑先生，獲得62,613票，得票率為23.88％，吃了敗戰，屈居亞軍。

民主進步黨籍之魏早炳先生，獲得61,742票，得票率為23.55％，敗下陣來。

另外一位無黨籍人士李桂穆先生，僅獲得2,016票，敬陪末座。

◎臺中縣縣長選舉

臺中縣縣長選舉，計有三位候選人，其中廖永來先生，屬於民主進步黨籍，又為現任縣長，原本佔有執政優勢，理應再度連任成功，繼續贏得執政機會，惟因「人算不如天算」，經過選舉投票結果，僅獲得269,548票，得票率為41.02％，不幸敗下陣來，屈居第二名，爭取連任落空。最後卻由

中國國民黨籍之黃仲生先生，一舉拿下 325,117 票，得票率為 49.48％，以 55,569 票之多，漂亮贏得選戰勝利，拿下縣長寶座，終於為國民黨收復中部最大縣之執政權，貢獻非凡，值得喝彩。

另外一位無黨籍參選者林敏霖先生，則得到 62,369 票，得票率為 9.49％，退居最後。

◎彰化縣縣長選舉

彰化縣縣長選舉，竟然也有五位候選人參與角逐，其中除中國國民黨、民主進步黨、親民黨等三黨之外，尚有二位無黨籍人士加入戰局，又因國、親兩黨所謂泛藍軍無法整合成功，於是讓民進黨漁翁得利，再度收復彰化縣，重新拿回執政權。至於各候選人得票情形，經過選舉投票結果，代表綠軍之翁金珠女士，獲得 301,584 票，得票率為 49.17％，遙遙領先其他候選人，贏得勝利，拿下縣長寶座。

代表藍軍的葉金鳳女士，獲得 257,504 票，得票率為 41.99％，屈居亞軍，不幸敗北。

代表橘軍的鄭秀珠女士，獲得 39,056 票，得票率為 6.37％，屈居季軍。

洪參民先生與陳婉真女士等兩位無黨籍人士，分別得到 8,219 票及 6,934 票，兩人得票數之和，僅有 2.47％，雙雙屈居殿軍。

◎南投縣縣長選舉

南投縣縣長選舉,猶如戰國時代,形成七雄爭霸局面,其中除現任無黨籍縣長彭百顯先生外,尚有中國國民黨籍張明雄先生、林明溱先生,民主進步黨籍林宗男先生,親民黨籍陳振盛先生,無黨籍姜君佩先生與陳肱富先生,參與角逐,其競爭激烈程度,可想而知,現任縣長彭百顯先生,原本藉著執政優勢,再加上泛藍軍嚴重分裂局面,爭取連任成功勝算很大,唯因官司纏身在先,同質性較高的民進黨推出候選人影響在後,選戰氣勢大不如前,經過選舉投票結果僅獲得 40,412 票,另兩位無黨籍人士陳肱富先生得到 2,500 票,姜君佩先生得到 915 票,三人得票之和,僅有 17.04%,敗下陣來,喪失連任機會。另因泛藍軍嚴重分裂結果,造就了代表綠軍的林宗男先生,以 94,631 票,得票率為 36.79%,終於贏得勝利,拿下縣長寶座,再度阻止泛藍軍收復南投縣執政權。至於其他候選人得票數,其中代表橘軍陳振盛先生,獲得 63,042 票,得票率為 24.51%。代表藍軍參選林明溱先生獲得 48,268 票,張明雄先生或得 7,475 票,兩者之和僅有 21.67%,要想再度收復南投縣,可不是那麼容易?還得格外努力加油才行。

◎雲林縣縣長選舉

雲林縣縣長選舉,情況比較簡單,因為一開始及形成藍、綠兩軍對決局面,現任縣長中國國民黨籍張榮味先生,藉著執政優勢機會,爭取連任成功,穩住縣長寶座。民主進步黨籍的林樹山先生,原本也是很有勝算把握,但經過選舉

投票結果，張榮味先生，竟然拿下 205，500 票，得票率為
61‧53％，以超越對手 77,027 票之多，擊敗競爭強敵，獲
得空前勝利，連任成功，不僅為自己穩住縣長寶座，同時也
為國民黨保住南臺灣唯一的執政權，功不可沒。

　　至於民主進步黨籍林樹山先生，也非等閒之輩，共計獲
得 128,475 票，得票率為 38‧47％，雖然敗下陣來，但成
績也不差，如果繼續努力經營，將來總有出線機會。

◎嘉義縣縣長選舉

　　嘉義縣縣長選舉，場面也非常熱鬧，共計有五位候選人
參與角逐縣長寶座，但實際上仍舊是藍、綠對決局面，經過
投選舉票結果，民主進步黨籍陳明文先生，拿下 124,757 票，
得票率為 47.22％，僅以 7,849 票，不到三個百分點之差，
贏得選戰勝利，奪得縣長寶座。

　　至於中國國民黨籍翁重鈞先生，獲得 116,908 票，得票
率為 44.25％，但不幸還是敗下陣來。

　　無黨籍人士部分，李明憲先生獲得 11,507 票，陳勝三先生
獲得 9,454 票，蔡炳欽先生獲得 1,551 票，三者得票之和，僅
有 8.22％，雖然不成比率，但是否因此影響戰局？未得而知。

◎臺南縣縣長選舉

　　臺南縣縣長選舉，形式上雖然有三位候選人參與角逐，
但實際上仍舊是藍、綠對決局面，經過選舉投票結果，民主
進步黨籍的蘇煥智先生，不僅是現任立法委員，而又榮獲鄉
親陳總統的推薦及保證，再加上原任同黨籍縣長陳唐山先生

政績不錯，奠定勝利基礎，最後也獲得老縣長的點頭支持，簡直就是「如虎添翼」，終於獲得 274,086 票，得票率為 51.50％，以超越對手 37,416 票之多，拿下縣長寶座，終於為民主進步黨繼續保住臺南縣執政機會。

中國國民黨籍吳清基先生，雖然不幸敗下陣來，但實力不容忽視，共得到 236,670 票，得票率為 44.47％。

另一位無黨籍人士魏耀乾先生，僅得到 21,479 票，得票率為 4.04％，實力大不如前，若想繼續參戰，必須得格外加油才行。

◎高雄縣縣長選舉

高雄縣縣長選舉，基本上雖然有三位候選人參與角逐，但實際上也是藍、綠對決局面，由於高雄縣一向就是余陳家人獨霸天下，再加上原任縣長余政憲先生表現不差，奠下勝利基礎，果然不出所料，經過投票結果，民主進步黨籍楊秋興先生得到 317,763 票，得票率為 54.80％，竟然超過對手 146,976 票之多，以絕對優勢贏得空前勝利，拿下縣長寶座，為民進黨繼續穩住高雄縣的江山。

至於藍軍方面，固然錯在無法整合，但經由正式提名的中國國民黨籍吳光訓先生，僅獲得 170,787 票，得票率為 29.45％，違紀參選的鳳山市長黃八野先生，僅得到 91,232 票，得票率為 15.75％，兩者得票之和，同樣也發揮不了什麼作用，依然無法收復失去已久的高雄縣，因此藍軍陣營要想贏得選舉勝利，必須從長計議，並有計畫的培養人才，始有勝算機會，否則也是枉然。

◎屏東縣縣長選舉

　　屏東縣縣長選舉，雖然有三位候選人參與角逐，但實際上也是藍、綠對決局面，民主進黨籍蘇嘉全先生，為現任縣長，政績表現不錯，藉著執政優勢，爭取連任勝算機會很大，經過投票結果，再度得到屏東縣民的肯定，拿下 239,284 票，得票率為 55.34％，以超過對手 63,700 票之多，贏得連任勝利，不僅繼續穩住縣長寶座，也為民進黨鞏固了南臺灣尾的江山。

　　中國國民黨籍王進士先生，雖然不幸高票落選，但實力也不弱，共計獲得 175,584 票，得票率為 40.61％，如果再加以時日繼續經營，必然有所作為。

　　另一位無黨籍人士李景雯先生，只得到 17,525 票，得票率僅有 4.05％，屈居最後。

◎花蓮縣縣長選舉

　　花蓮縣縣長選舉，計有五位候選人參與角逐，中國國民黨籍張福興先生，民主進步黨籍游盈隆先生，親民黨籍賴政雄先生，綠黨籍齊淑英女士，無黨籍者僅有莊三修先生一人。其中國民黨籍的張福興先生，先天上佔有執政優勢，勝算較大。民進黨籍的游盈隆先生，原任東吳大學教職，因緣際會，被新政府延攬擔任行政院研考會副主任委員職務，再接受民進黨所徵召，來頭不小。親民黨籍的賴政雄先生，實力不容忽視，其競爭之激烈，由此可見一斑。經過選舉投票結果，張福興先生，獲得 59,591 票，得票率為 39.28％，終

於以 11,995 票及 17,839 票之差，分別擊敗民、親兩黨，再度贏得勝利，為國民黨穩住縣長寶座。

民進黨籍游盈隆先生，獲得 47,596 票，得票率為 31.37％，不幸敗下陣來，僅獲得第二名。親民黨籍賴政雄先生，獲得 41,752 票，得票率為 27.52％，緊追在後。

無黨籍的莊三修先生，獲得 1,481 票與代表綠黨的齊淑英女士，獲得 1,299 票，兩者得票之和，僅有 1.83％，雙雙成為殿軍。

◎臺東縣縣長選舉

臺東縣縣長選舉，雖然有四位候選人參與角逐，但實際上就是國、民、親三個政黨之間的角力戰，競爭激烈程度不在話下，經過選舉投票結果，親民黨籍徐慶元先生，獲得 44,084 票，得票率為 44.30％，以 7,357 票之差，一舉擊敗國民黨籍吳俊立先生，贏得選戰勝利，拿下縣長寶座，為親民黨取得臺東縣執政權。

中國國民黨籍吳慶立先生，原本以為靠前任縣長陳建年先生，所留下不錯政績優勢，爭取連莊應該不成問題，但最後僅獲得 36,727 票，得票率為 36.91％，不幸敗下陣來，屈居亞軍。

民主進步黨籍賴坤成先生，僅獲得 17,237 票，得票率為 17.32％，想要取得臺東縣的執政權，勢必還有一段漫長的路途。

無黨籍彭權國先生，僅得到 1,467 票，得票率為 1.47％，敬陪末座。

◎澎湖縣縣長選舉

　　澎湖縣縣長選舉，雖然也有三位候選人參與角逐，但中國國民黨籍賴峰偉先生，在資源有限的澎湖縣，仍舊能夠交出不錯成績單，實在很不簡單，藉著這種優勢，全力爭取繼續連任，經過選舉投票結果，終於獲得 22,094 票，得票率為 55.32％，以 7,617 票之差，贏得勝利，連任成功，不僅穩住縣長寶座，也再度阻止綠軍西進澎湖計畫。

　　至於民主進步黨籍陳光復先生，獲得 14,477 票，得票率為 36.25％，屈居第二，不幸敗下陣來。

　　另一位無黨籍人士許麗音女士，獲得到 3,364 票，得票率僅有 8.24％，敬陪末座。

◎基隆市市長選舉

　　基隆市市長選舉，可以說是一次標準的藍、綠對決局面，競爭非常激烈，繼續爭取連任的民主進步黨籍李進永先生，雖然全力以赴，但因受到接二連三災害的影響，經過選舉投票結果，仍舊功敗垂成，最後僅獲得 72,212 票，得票率為 41.91％，終於敗下陣來，不幸丟掉政權。

　　中國國民黨籍許財利先生，由於得到友黨及市民的大力支持，終於獲得 100,000 票，得票率為 58.09％，以 27,788 票之多，擊敗對手，拿下市長寶座，不僅為國民黨收復了基隆市，再度取得執政權，掌控了所謂「臺灣頭」。

◎新竹市市長選舉

新竹市市長選舉，表面上雖然也有四位候選人參與角逐，但實際上依舊是藍綠對決局面，雙方勢均力敵，旗鼓相當，經過選舉投票結果，中國國民黨籍林政則先生，獲得90,580票，得票率為56.01％，已超過對手21,415票之多，打敗代表綠軍蔡仁堅先生，拿下市長寶座，不僅給自己爭取到執政權，也為國民黨收復新竹市，居功厥偉。

至於民主進步黨籍蔡仁堅先生，原本有很好評價，但領導新竹市政以來，一直遭遇風雨飄搖局面，爭取連任路途，難免受到若干程度的影響，僅獲得69,165票，得票率為42.77％，終於不敵而敗下陣來，不僅個人失去連任市長機會，也讓民進黨丟掉新竹市的執政權。

◎臺中市市長選舉

臺中市市長選舉，本來是一場藍、綠對決局面，後因原任市長張溫鷹女士，決心以無黨籍身分繼續參選，希望爭取連任機會，於是形成了三足鼎立的態勢，三位候選人，可以說個個都大有來頭，每人擁有一定的實力，但不到最後關頭，依舊是「人人有希望，個個沒把握」，其競爭情況可想而知，經過選舉投票結果，中國國民黨籍胡志強先生，獲得213,866票，得票率為49.08％，以36,351票之多，擊敗綠軍，奪得市長寶座，不僅為自己爭取到執政權，為國民黨收復臺中市，應該加以肯定。然而，這也是首見綠軍分裂結果，藍軍坐收漁利的例子，值得綠營警惕。

至於民主進步黨籍蔡明憲先生，僅獲得 177,515 票，得票率為 40.74％，不幸敗下陣來。

以無黨籍身分參選的張溫鷹女士，雖然佔有執政優勢，理應被看好才是，但最後僅獲得 44,341 票，得票率為 10.18％，敗下陣來，屈居殿軍，終於丟掉經營四年的執政權，因而使綠軍失去中部據點，張溫鷹女士未來的動向，勢將引起各界關注。

◎嘉義市市長選舉

嘉義市市長選舉，形式上有五位候選人參與角逐，但實際上藍軍與無黨籍之間對決戰，原因是民主進步黨本來推出自己的候選人黃正男先生，最後卻又改支持無黨籍參選人陳麗貞女士，而改變了戰局，經過選舉投票結果，現任市長無黨籍陳麗貞女士，靠著不錯執政績效，終於獲得 53,764 票，得票率為 53.25％，以 7,150 票之差，擊敗藍軍，尋求連任成功，繼續為市民謀福利。

中國國民黨籍江清馦先生，獲得 46,614 票，得票率為 34.71％，不幸敗下陣來，屈居亞軍。

名義上仍舊堅持代表正統綠軍，民主進步黨籍黃正男先生，僅獲得 14,439 票，得票率為 1,204 票，飲恨落敗，屈居第三名。

另兩位無黨籍候選人張容藏先生及蕭裕珍女士，分別獲得 8,476 票及 1,601 票，雙雙殿後。

◎臺南市市長選舉

臺南市市長選舉，計有六位候選人參與角逐，其中尚有現任市長張燦鍙先生，老市長蘇南成先生等二位老將，實力不容忽視，但實際上也是一場藍、綠兩軍對決局面，使得選戰趨於緊繃，其競爭激烈前況，不言而喻。經過選舉投票結果，民主進步黨籍的許添財先生，由於立委任內表現不錯，因此，並未受到綠軍分裂影響，仍舊獲得 141,840 票，得票率為 43.23％，以超越對手 19,114 票，擊敗競爭者，拿下市長寶座，讓民主進步黨連莊成功。

中國國國民黨籍陳榮盛先生，獲得 122,726 票，得票率為 37.40％，不幸敗北，屈居第二，使藍軍收復臺南市的希望再度落空。

至於老市長蘇南成先生，獲得 47,133 票，現任市長張燦鍙先生，獲得 9,520 票，林易煌先生 6,098 票，陳源奇先生獲得 804 票，四人得票率僅有 19.37％，表現不如預期的好。

◆福建省公職人員選舉部分

福建省所轄行政區域，共計六十餘個，但目前實際管轄範圍僅有金門、連江兩縣，而兩縣均位居中華民國自由地區之最前線，惟仍舊比照臺、澎地區，所推動的選舉制度模式，實施地方自治，定期舉辦縣議會議員及縣長選舉，兩縣縣議員名額，分別為二十五人，其中應有婦女當選名額二人。兩縣之選舉區劃分情形，各選舉區應選出名額，及最近一次選舉投票結果，最低當選票數，介紹如下。

◆縣議會議員選舉

◎金門縣議會議員選舉

　　金門縣議會議員選舉，全縣雖然有金城鎮、金湖鄉、金沙鄉、金寧鄉、烈嶼鄉、塢丘鄉等六個鄉（鎮）行政區，但並未劃分選舉區，以全縣為一個選舉區，應選出名額十六人，其中應有婦女當選名額三人，第三屆縣議員選舉投票結果，最低當選票數為 704 票。

◎連江縣議會議員選舉

　　連江縣議會議員選舉，因全縣僅有四個鄉行政區，劃分為四個選舉區，應選出名額九人，其中應有婦女當選名額一人。有關選舉區劃分情形，各選舉區應選出名額，及最近一次選舉投票結果，最低當選票數，介紹如下。

　　1、第一選舉區：

　　範圍僅有南竿鄉一個行政區，應選出名額五人，其中應有婦女當選名額一人，第三屆議員選舉投票結果，最低當選票數為 232 票。

　　2、第二選舉區：

　　範圍僅有北竿鄉一個行政區，應選出名額二人，依法無婦女保障名額，第三屆議員選舉投票結果，最低當選票數為 220 票。

3、第三選舉區：

範圍僅有莒光鄉一個行政區，應選出名額一人，第三屆
議員選舉投票結果，最低當選票數為 237 票。

4、第四選舉區：

範圍僅有東引鄉一個行政區，應選出名額一人，第三屆
議員選舉投票結果，最低當選票數為 281 票。

◆縣長選舉

福建省的縣級行政區域，共計有六十餘個，但以中華民
國政府所管轄行政區域範圍而言，目前僅有金門及連江兩
縣，第三屆縣長選舉投票，於民國九十年十二月一日，與臺、
澎地區，同步舉行，兩縣縣長選舉投、開票結果，分別介紹
如下。

◎金門縣縣長選舉

金門縣縣長選舉，雖然行政區域範圍很小，但參與角逐
縣長寶座者，候選人卻高達六位，計有中國國民黨、民主進
步黨、親民黨、新黨等四個政黨，分別推出候選人，另尚有
兩位無黨籍人士，也相繼加入選戰，因而給金門前線帶來熱
鬧的選舉氣氛，實際上又是一次泛藍軍之間，自己人對決的
局面。第三屆縣長選舉投票結果，新黨籍李炷峰獲得 14,148
票，得票率為 56.17%，以絕對優勢擊敗其他競爭對手，贏
得選戰勝利，奪下縣長寶座，為新黨贏得唯一執政權，居功
厥偉，值得肯定。

親民黨籍蔡世民，獲得 7,224 票，得票率為 28.68％，屈居亞軍。

民主進步黨籍陳昭南，獲得 1,562 票，得票率為 6.20％，屈居季軍。

中國國民黨籍許金象，雖然佔有執政優勢，理應贏得選戰勝利，但最後僅獲得 1,508 票，得票率為 5.99％，吃了敗戰，屈居殿軍，終於使國民黨首次丟掉執政數十年的金門縣政權。

另兩位無黨籍人士陳川青、翁天慶，僅分別獲得 448 票及 300 票，兩人得票率僅有 2.97％，雙雙敬陪末座。

◎連江縣縣長選舉

連江縣縣長選舉，也是一次泛藍軍之間兄弟鬩牆遊戲，國、親兩黨相互對決局面，戰況比較單純。第三屆縣長選舉投票結果，親民黨籍陳雪生獲得 2,549 票，得票率為 55.80％，以 530 票之差，一舉贏得選戰勝利，奪下縣長寶座，不僅終止國民黨連續執政紀錄，也為親民黨拿到連江縣執政權，的確難能可貴，值得肯定。

中國國民黨籍劉立群，雖然佔有數十年執政優勢，但因受到選民求變心理影響，僅獲得 2,019 票，得票率為 44.20％，最後終於敗下陣來，不僅連任希望落空，也使國民黨丟掉經營數十年的連江縣政權，實在出乎意料之外，值得國民黨當局深思與檢討。

◆鄉（鎮、市）民代表選舉

縣（市）以下之鄉（鎮、市）民代表選舉，係以鄉（鎮、市）行政區域為單元，由主管選舉委員會，根據所轄村（里）鄰數、人口分佈，地理環境，交通狀況，以及應選出名額等因素，劃分若干個選舉區，選出民意代表，監督鄉（鎮、市）公所，推動地方自治事項，為民眾謀取最大福祉。

臺澎金馬等自由地區，共計有 319 個鄉（鎮、市），總計應選出代表名額 3,717 人，其中臺灣省 3,654 人福建省 63 人，礙於篇幅及時間，無法逐一加以介紹，僅將九十一年全面改選投票結果，各政黨得票情形列舉如下：中國國民黨，共計獲得 1,319 席，得票率為 35.59%；民主進步黨，共計獲得 186 席，得票率為 5.02%；親民黨，共計獲得 58 席，得票率為 1.56%；新黨，共計獲得 2 席，得票率為 0.05%；無黨籍，共計獲得 2,143 席，得票率為 57.79%。

各界如有研究分析需要，請逕向各級選舉委員會，電話查詢，或就近向各地區文化中心，或圖書館，查閱相關選舉實錄，即可獲得所需參考資訊。

有關取消鄉（鎮、市）民代表層級公職人員選舉案，第三屆國民大會第二次會議，已通過憲法增修條文，且中央選舉委員會，業已依據憲法增修條文規定，列入公職人員選舉罷免法修正案加以刪除，唯因修法時間趕不上預期進度要求，本屆選舉，似乎仍需如期辦理，至於選舉投票時間，依例將與其他公職人員選舉投票時間，同步實施。

至於未來究竟續辦或停辦？實在難以預料？因此一層

級民意代表，照以往統計數字顯示，就隸屬黨籍層面而言，其中絕大多數為中國國民黨籍，2004 年之後，民主進步黨政府，是否願意照單全收，想必神仙也沒把握，值得進一步觀察其變化及發展。

◆鄉（鎮、市）長選舉

　　鄉（鎮、市）長選舉，中華民國臺澎金馬自由地區，共計 319 個鄉（鎮、市），其中臺灣省轄 309 個鄉（鎮、市），福建省轄 10 個鄉（鎮），於民國九十一年一月二十六日，同步進行選舉投票，雖然被形容成末代選舉，但競爭情況仍舊非常激烈。本屆選舉投票結果，各政黨獲得席次，以及勝選率，分別介紹如下。

　　中國國民黨：共計獲得 194 席，其中臺灣省部分 186 席，福建省部分 8 席，依獲得席次計算，勝選率高達 60.82％，但按得票率計算，僅有 45.40％。

　　民主進步黨：共計獲得 28 席，依獲得席次計算，勝選率僅有 8.78％，但按得票率計算，卻達到 19.32％，全都由臺灣省選出。

　　親民黨：共計獲得 4 席，全都由臺灣省選出，依獲得席次計算，勝選率為 1.25％，但按得票率計算，則有 2.16％。

　　無黨籍者：共計獲得 93 席，其中 91 席由臺灣省選出，另 2 席則由福建省選出，依獲得席次計算，僅有 29.15％，但按得票率計算，則達到 31.92％。

　　新黨：並未獲得席次，依勝選率計算為零，但按得票率計算，則有 0.49％。

　　台灣團結聯盟，並未獲得席次，如以勝選率而言，算是掛零，但以得票率計算，則有 0.11％。

　　未來是否繼續舉辦此項公職人員選舉，須視立法院修法結果而定，讓我們視目以待吧。

◆村（里）長選舉

　　村（里）長選舉，中華民國臺澎金馬自由地區，總計有 7,807 個村（里），其中臺灣省部分，計有 6,836（現為 6,838）個村（里）；福建省部分，計有 59 個村（里）；臺北市部分，計有 449 個里；高雄市部分，計有 463 個里。

　　本屆村（里）長改選，原本全國同步舉行投票，後因臺北市里行政區域調整（由原 435 里，調整為 449 里），必須順延選舉時間，於是臺灣省、福建省、高雄市等，三大行政區域，均於九十一年六月八日（星期六），同步舉行投票，臺北市部分，則順延至九十二年一月四日（星期六），單獨舉行投票。

　　臺灣省、福建省之金馬兩地、臺北市、高雄市等，四大行政區域，本屆選舉投票結果，各政黨獲得席次及得票率，分別介紹如下。

　　中國國民黨：總計獲得 2,824 席，其中臺灣省獲得 2,303 席，得票率為 33.68％；福建省獲得 49 席，得票率為 83.05％；臺北市獲得 264 席，得票率為 58.79％；高雄市獲得 208 席，得票率為 44.92％。是此次選舉第二大贏家，穩居全國冠亞軍寶座。

民主進步黨：總計獲得 163 席，其中臺灣省獲得 72 席，得票率為 1.05% ；福建省席次掛零；臺北市獲得 40 席，得票率為 8.90% ；高雄市獲得 51 席，得票率為 11.02% 。

親民黨：總計獲得 23 席，其中臺灣省獲得 20 席，得票率為 0.29；福建省席次掛零；臺北市獲得 2 席，得票率為 0.44% ；高雄市獲得 1 席，得票率為 0.22% 。

新黨：僅在臺北市獲得 1 席，得票率為 0.22% ，其餘三大行政區域，全部掛零，毫無斬獲。

綠黨：僅在高雄市獲得 1 席，得票率為 0.22% 其餘三大行政區域，全部掛零，毫無斬獲。

青年黨：僅在臺灣省獲得 1 席，得票率為 0.01% ，其餘三大區域，全部掛零，毫無斬獲。

無黨籍：總計獲得 4,794 席，其中臺灣省獲得 4,440 席，得票率為 64.95% ；福建省獲得 10 席，得票率為 16.95% ；臺北市獲得 142 席，得票率為 31.62% ；高雄市獲得 202 席，得票率為 43.63% 。為此次選舉第一大贏家，竟然獲得冠軍頭銜，顯示戰力不容忽視。

村（里）長選舉制度，雖然屬於最基層的一種公職人員選舉，但因目前各項福利措施不差，於是參與角逐者日益眾多，其競爭激烈程度，不亞於其他公職人員選舉，如果想要大顯身手一番，就須有周詳的規劃，以及充分的準備，否則，最好不要輕易嘗試，不然照樣摔得很慘。

第三篇　熱心公益活動　藉機發掘選民

　　社會上一般所稱的「選民」，依據公職人員選舉罷免法或總統副總統選舉罷免法之規定，一律稱為「選舉人」，而選舉人對於一個參選者來說，確實非常重要，因為選舉人不僅是參選者的主要票源，也是所謂的「頭家」，更是選舉成敗的關鍵所在。

　　個人要想成為一位成功的參選者，首先需要了解自己的選民在那裡？他（她）們究竟屬於那一個選舉區？而選舉區之內又涵蓋那幾個行政區域，諸如直轄市以下之區數、縣（市）以下之鄉（鎮、市、區）數；鄉（鎮、市、區）以下之村（里）數；村（里）以下之鄰數及戶數等？

　　選舉區內有那些政府機關，而這些政府機關又屬於那一個政黨主政？選舉區內人口數？大概的選舉人數？選舉人之政黨取向？選舉人之教育水準？選舉人從事何種行職業？選舉人的經濟情況如何？那些社會人士對於選舉人有影響力？選舉區內亟需興辦那些公共建設？選舉內亟待解決那些急迫性、共同性問題？

　　參選者，唯有確實瞭解有關問題及其需求所在之後，再針對問題提出對策，及找出解決問題的辦法，然後將他變成自己的競選政見，讓選舉人能夠有所瞭解、認同，進而獲得肯定與支持，才能爭取選舉優勢。否則，就算你有通天本領，並具有一流的裝備及釣技，如事先於那一條溪流有魚？而溪中的魚喜歡在那些流域活動？喜愛什麼樣的釣餌等？倘若事先無法加以瞭解、分析、研究，恐怕也無法釣得到魚，最

後可能空忙一場，浪費無謂時間與精神。

　　那麼究竟如何獲得所需參考資訊呢？其實方法很簡單，打算從政者平日需要多關心眾人之事，如果時間許可，在工作之餘，儘可能抽空參與社區各類活動，或加入各種社會團體，推動各種公益活動，時間久了，就能培養出良好的人際關係，一旦有良好的人際關係，就會有較高的知名度，有了知名度之後，不怕沒有資訊可用，也不怕沒有票源，所以，是一件很簡單的事，並非什麼困難。

第四篇　參與公職選舉　仍有限制門檻

以現代文明社會的標準而言，不論求學、就業、就養、就醫、選舉、比賽等、幾乎都需要具備一定的資格條件，也就是需要有若干條件上的限制，避免泛濫成災，影響預期水準，或要求品質，凡參與者，唯有符合規定標準，或限制條件，才有報名資格，有機會參與其間，進而達成個人願望，實現個人理想。

公職人員選舉制度，法有明文規定，沒有討價還價空間，打算參與選舉者，對於規定或要求，只能遵守規定，照章行事，才是正途，否則只有給自己添麻煩，找困擾，何必多此一舉呢。

目前參與各種公職人員選舉，候選人仍有限制門檻規定，也就是所謂應具備資格，或稱之為條件，其中區分為積極資格，與消極資格兩種，缺一不可。

積極資格部分，計有下列幾項規定或限制：一、首先須具有選舉權之選舉人。二、須年滿二十三歲。但鄉（鎮、市）長參選人，須年滿二十六歲；縣（市）長參選人，須年滿三十歲；直轄市長參選人，須年滿三十五歲；總統、副總統參選人，須年滿四十歲。而年齡之計算，係以算至投票日前一日為準。三、在選舉區內繼續居住四個月以上（最新修正案改為六個月）。但總統、副總統候選人須在中華民國自由地區曾經設籍十五年以上。四、回復中華民國國籍滿三年，或因歸化取得中華民國國籍滿十年者。但回復或因歸化取得中華民國國籍，或大陸地區人民經許可進入臺灣地區者，仍然

不得登記為總統、副總統候選人。五、原住民候選人，須具有原住民身分，並具備前述之資格。

　　消極資格部分，也有以下幾項規定或限制：一、無褫奪公權尚未復權情事。但如係戒嚴時期依懲治叛亂條判決者，不在此限。二、無受禁治產宣告尚未撤銷情事。三、無公職人員選舉罷免法第三十四條，或總統副總統選舉罷免法第二十六條規定限制情事。四、無公職人員選舉罷免法第三十五條，或總統副總統選舉罷免法第二十七條規定限制情事。

　　參選人對於以上之規定，事先必須加以瞭解，才能避免因證件不全，或不符規定，而失去參選機會，到頭來不僅將空忙一場，恐怕也會成為人們茶餘飯後的討論話題。

　　凡打算參與公職人員選舉者，絕對不能臨時動議，而必須事先做好有關參選規劃，及選舉準備工作，才能得心應手，避免遇到困擾，或發生問題，影響參選心理，打擊參選士氣，才能使參選工作得以順利進行，圓滿收場。

　　所謂「好的開始，是成功的一半」，相反的也說明了，沒有充分的準備，也就沒有好的開始，沒有好的開始，就無法成功，其道理的確很簡單，問題就看你是否有心去力行、實踐。

第五篇　居住期間計算　一日也不可少

　　中華民國憲法，雖然明文規定人民有遷徙之自由，但參選者之居住期間，仍舊有若干之限制，避免擾亂選舉制度，破壞選舉遊戲規定，或造成選務機關作業之困擾。

　　參選人居住期間之計算，就一般公職人員而言，在自由地區，原則上區分為臺灣省、福建省、臺北市、高雄市等四大行政區域，凡在此四個區域之間遷移戶籍者，依規定須住滿四個月（修正案須住滿六個月），才能具有選舉及被選舉權。其規定沒有商量餘地，少一天都不行。

　　至於四個月（或未來六個月）期間之計算，係以算至投票日前一日為準。但原已居住在行政區域內之選舉人，或參選人，除非期間有異動情事，否則根本沒有所謂四個月的居住問題，即擁有選舉及被選舉權。

　　例如某人原居住在高雄縣，基於政黨提名規劃或者因勝選考量，計畫轉戰臺中市參與區域立法委員之選舉，因高雄縣與臺中市，兩個縣（市）均屬臺灣省所轄之行政區域，只要在兩個縣（市），或甚至於在臺灣省行政區域內居住期間合計滿四個月，即有選舉即被選舉權。不過，如果計畫參與該兩縣（市）長之選舉者，則須在各該縣（市）繼續居住滿四個月才能有選舉及被選舉權。

　　同樣地若參與鄉（鎮、市）長，及村（里）長選舉，須在各該行政區域內繼續居住滿四個月，才具有選舉及被選舉權，也就是說行政區域及選舉區愈小，限制也就愈大。

　　依據公職人員選舉罷免法規定，一般選舉人在選舉機關

發佈選舉公告後，遷入不同選舉區者，將喪失選舉投票權，但經完成登記之候選人，於登記期間截止後，遷出選舉區者，不影響其候選人資格，並仍在原選舉區行使選舉權。其主要目的，在防止投機政客從中炒作，或讓有心人士從事「搓圓子湯」等不法之參選動機，藉機破壞選舉秩序，影響選舉的公正性。

第六篇　尋求政黨奧援　避免單打獨鬥

　　人類生來就是群居動物，個人不能自外於社會人群而獨立生活，凡食、衣、住、行、育、樂等六大生活需求，必須透過分工合作方式，相互依賴，才能使生活得到滿足，生存獲得保障，否則生活將會發生問題，生存也將面臨困難。

　　公職人員選舉當然也不例外，所謂單打獨鬥的時代已經過去，政黨政治的氣候已經形成，並逐漸進入佳境，如今情勢的發展，光憑個人的力量，勢將難以成事。因為個人縱然有三頭六臂，其力量終究有限，如果沒有他人的協助，將無法完成預期理想。

　　凡打算參與選舉的朋友們，尤其初次參選者，更需要沉著應戰，千萬不要貿然行動，必須慎重其事，最好經過所謂「眼觀四面，耳聽八方」，然後下定決心，選擇一個有力量的靠山，也就是尋求政黨的奧援，才能成就事業。

　　當然，目前國內政權轉移，政黨輪替，導致政治出現亂象，經濟景氣低迷，股市下跌，難免讓人對政黨有些失望，但政黨仍舊是勝選的一顆萬靈丹，不論任何人，如果沒有政黨的奧援，確實是很難勝選的。縱然有機會選上了，相信也會選得十分辛苦。

　　以臺北市而言，最近幾屆公職人員選舉，在當選人之中，除當時市議員龐建國先生，以及立法委員陳文茜小姐與最近李敖先生之外，尚未發現有無黨籍人士當選國會，或議會議員的例子，由此可見，政黨在選舉中的份量及其潛在力量，千萬不要忽視它的存在，或許它就是你走入政壇的動力，甚至成為政治明星的搖籃。

第七篇　厚植選戰經費　多方開闢財源

選舉本來就是一場資源消耗戰，一旦決定投入，就得花錢，縱然靠形象與實力參選者，同樣也不例外，因為下列各項費用支出，是不能節省，也無法省的。

例如競選總部房屋租金，競選團隊工作人員的車馬費、水電費、電話費、郵寄費、餐點、茶水費，文宣品印刷費，看板、旗幟、布條製作費，搬運費，保證金，競選背心、帽子製作費，宣傳車費，問政說明會或政見發表會場地及設備租用費，雜支費等，算起來不是一筆小數目。

這些經費的支出，在決定參選之前，必須做好妥善的規劃工作，否則，到頭來將會騎虎難下，影響到自己的參選計畫，同時恐怕也會打擊競選團隊的士氣，所以參選人必須有心理準備，避免到時後悔莫及。

競選經費的支出，依法也有最高金額之限制，其計算方式，立法委員、直轄市議員、縣（市）議員、鄉（鎮、市）民代表等民意代表部分，係以「各該選舉區之應選名額除選舉區人口總數百分之七十，乘以基本金額新台幣十五元（修正案提高為三十元）所得數額，加上一固定金額之和」。此部分所規定之固定金額，其中立法委員新台幣六百萬元（修正案提高為二千萬元），直轄市議員新台幣四百萬元（修正案提高為一千萬元），縣（市）議員新台幣二百萬元（修正案提高為六百萬元），鄉（鎮、市）民代表新台幣五十萬元（修正案將予刪除，故維持現狀不予調整）。直轄市長、縣（市）長、鄉（鎮、市）長、村（里）長等行政首長部分，

係以「各該選舉區（行政區）人口總數百分之七十，乘以基本金額新台幣八元（修正案提高為二十元），加上一固定金額之和」。此部分規定之固定金額，其中直轄市長新台幣一千萬元（修正案提高為五千萬元），縣（市）長新台幣六百萬元（修正案提高為三千萬元），鄉（鎮、市）長新台幣二百萬元（修正案將予刪除，故維持現狀不予調整），村（里）長新台幣八萬元（修正案提高為二十萬元）。

當然提到花錢，難免讓人傷感情，尤其對於沒有經濟基礎的新鮮人來說，必然是一個頭兩個大，但也不必過於「杞人憂天」，不然的話，什麼事情都別想做了。所謂「船到橋頭自然直」，其實「山人自有妙計」，也不必過分在意，避免傷神。

根據作者以往觀察經驗，參選人競選經費的籌措，不外透過下列三種途徑：一、由參選人自備；二、由所屬政黨補助；三、由個人或企業捐贈。其中個人或企業捐贈部分，又有三種方式：一、由參選人設立劃撥帳戶，供個人或企業透過劃撥方式捐款；二、由參選人舉辦餐會方式募款（通常有事先預售餐券或現場購買餐券等二種做法）；三、由參選人舉行義賣會方式募款。

個人對於一般參選人，或同組總統副總統參選人之捐贈額度，依規定不得超過新台幣二萬元（修正案提高為綜合所得總額百分之十，其總額不得超過新台幣十萬元）；至於營利事業捐贈額度，不得超過新台幣三十萬元（修正案提高為當年度申報之所得額百分之四，其總額不得超過新台幣一百萬元）營利事業連續虧損三年以上者，不得捐贈競選經費（修

正案為營利事業於以前年度發生虧損者，於彌補虧損前，不得捐贈競選經費）。但參選人接受捐贈之總額度，不得超過競選經費最高金額之規定。

　　個人對於依法設立政黨之捐贈額度，不得超過綜合所得總額百分之二十，但總額不得超過新台幣二十萬元（修正案提高為新台幣四十萬元）；營利事業捐贈額度，不得超過所得總額百分之十，但總額不得超過新台幣三百萬元（修正案提高為六百萬元），營利事業連續虧損三年以上者，同樣的也不得捐贈競選經費（修正案規定同前）。

　　參選人接受個人及營利事業之捐款，必須注意以下幾項規定：一、參選人接受捐款開立受贈收據期間，自候選人名單公告日起至投票日止（修正案改自選舉公告發布之日起至投票日止）。二、參選人所支付與競選活動有關之競選經費，於規定最高金額內，減除接受捐贈，得於申報所得稅時作為當年列舉扣除額。三、參選人應設競選經費收支帳簿，由本人或指定人員負責記帳保管，保管期間至申報後六個月，（修正案延長為五年，同時又規定應每日逐筆記載收支對象、住址、金額等。另立法委員、直轄市議員、直轄市長、縣（市）長等選舉，應由本人蓋章或簽名，並委託會計師簽證）。

　　個人對參選人之捐贈部分，得於申報所得稅時，作為當年度列舉扣除額，營利事業對候選人之捐贈部分，得列為當年度之費用或損失。但對於政黨之捐贈，如其候選人之平均得票率未達百分之五以上者，不適用之。四、參選人競選經費收支情形，應於投票日後三十日內（修正案延長為四十五日）檢同競選收支結算申報表，向選舉委員會申報。五、候

117

選人不得接受外國或大陸地區團體、法人、個人或主要成員
為外國或大陸地區人民之法人、團體或機構（修正案增列
港、澳地區）；同一種選舉其他候選人；公營事業或接受政
府捐助之財團法人等之捐款，違者將依法將處五年以下之有
期徒刑。

　　有關競選經費之籌措，除上述介紹之外，現又多了另一
個途徑。就是依據 93 年 03 月 31 日所頒佈之政治獻金法規
定，政黨、政治團體，或擬參選人，在選前一段期間，得收
受政治獻金，其中總統副總統選舉部分，於任期屆滿前一年
起；原住民及區域立法委員選舉部分，任期屆滿前十個月
起；直轄市議會議員及市長、縣（市）議會議員及縣（市）
長選舉部分，於任期屆滿前八個月起；鄉（鎮、市）民代表
會代表、鄉（鎮、市）長及村（里）長選舉部分，於任期屆
滿前四個月起，得依法收受政治獻金，非於規定期間收受
者，除沒入所得獻金外，並課以罰鍰。

　　任何人不得以本人以外之名義捐贈，或金額超過一萬元
之匿名捐，超過二萬元之收支對象，需記載詳細資料，超過
十萬元以上者，需以支票或郵局、銀行匯款為之。收受匿名
捐贈總額不得超過收入總額十分之一，超過部分需繳庫。

　　收受政治獻金雖無最高總額之限制，但對同一政黨或政
治團體捐贈者，則有額度之限制。其中個人部分：年總額不
得超過三十萬元，對不同政黨或政治團體，年總額不得超過
六十萬元。對同一政黨參選人，不得超過十萬元，對不同政
黨參選人，不得超過二十萬元。營利事業部分：對同一政或
政治團體，不得超過三百萬元，對不同政黨或政治團體，不

得超過六百萬元。人民團體部分：對同一政黨或政治團體，不得超過二百萬元，對不同政黨或政治團體，則不得超過四百萬元。對同一政黨或政治團體之參選人，不得超過五十萬元，對不同政黨或政治團體之參選人，不得超過一百萬元。有違反規定者，將處二倍之罰鍰，超過部分須悉數繳庫。

政黨或政治團體，應於年度結束後五個月內，提出書面報告，並需經由會計師查核簽證。擬參選人則應於選後二個月內，向監察院申報收支會計報告書，若收受金額達八百萬元以上者，應經會計師簽證，再由監察院彙整列冊刊登公報並透過電腦網路公開，以昭公信。如違反有關規定者，處二十萬至一百萬元罰鍰。

政黨、政治團體或參選人，收受政治獻金，需先至金融機構或郵局開立帳戶，然後填妥專戶設立申請表，並檢具相關證明文件，向監察院申請許可方能收受，屬非經直接匯入許可帳戶者，應於收受後十五日內存入專戶。

政黨、政治團體或參選人，收受政治獻金，依規定需開立收據，格式可依監察院規定套印。收據格式區分三聯，第一聯交捐獻者，可列入年度申報所得稅扣除額，其餘二聯由受贈者負責保管，以供主管機關——內政部，或受理機關——監察院，作為查核依據。

總之，談了這麼多的構想及作法，其中最重要的一點，還是要讓選舉區內民眾，充分瞭解自己需要，期望捐款額度，接受捐款期間，並將捐款劃撥帳號，戶名等相關資訊，告知支持者，才能收到預期效果，否則所有話題，也都是枉然。

第八篇　籌組競選團隊　推動競選計畫

不論任何行業，不問它是公立或私有，首先必須根據既有抱負及理想，並參照計畫及需要，籌組一個強而有力的工作團隊，運用有限的組織，發揮無限的力量，才能有助於目標的達成，實現個人理想。

領導者或負責人，如能確實根據計畫及組織需要，知人擅用，用人惟才，然後再予適當分工，逐級授權，分層負責，更可創造驚人的績效，達成目標的經營。個人參與公職人員選舉，當然也不例外，首先必須先有一個堅強的團隊，來執行計畫的推動，才能發揮事半功倍的效果。

所謂「運籌於帷幄之中，決勝於千里之外」，顯示現任總統陳水扁先生，及其所屬的民主進步黨，所以能夠屢戰屢勝，一舉贏得中華民國第十任總統寶座，其原因固然很多，但有一點不可否認的是，他在競選期間，曾經擁有一個「人才濟濟」、「能言善道」、「經驗豐富」、「足智多謀」的競選團隊，讓他實現了所謂「有夢最美，希望相隨」的政治理想。因此充分證明，選舉的成敗，競選團隊將成為不可或缺的一環，千萬不能忽視此一問題，否則，縱然有三頭六臂，恐怕也難以成事。

一個成功的競選團隊，基本上需要有一位主事者，以總其成，而這個職務，一般習慣上稱為主任委員，或總幹事，主要負責競選團隊的領導、指揮、監督事項，以利計畫的推動，使理想能夠獲得實現。至於內部組織劃分，可基於工作需要，應儘可能設置選務、宣傳、行政等幾個部門，其中選

務部門：負責選務工作之籌備、規劃、執行等事項；宣傳部
門：負責有關政見發表、文宣印發、新聞發布等工作事項；
行政部門：負責有關文書、採購、出納、事務、競選總部管
理等事項。各部門的設置數量，以及用人的多寡，是根據工
作需要而定，並非千篇一律，一成不變，可以彈性運用。

　　所謂「運用之妙，存乎一心」，需要參選人事先做好評
估工作，才是上策。不過，其中最大的考慮因素，還是要依
據參選人的財力狀況，及能力負擔而定，不能打腫臉充胖子
──裝闊，實在沒此必要。

　　至於文書作業方式，應該善用現代化的機具設備，即自
動化，電腦化作業方式，來協助完成，既可提高效率，又能
減少浪費。

　　當然，凡人氣旺，名氣大，知名度高知參選人，也可號
召廣大的社會義工，前來支援協助，不論速度或效果，都是
很驚人的，所謂「師傅領進門，修行在個人」，但願能對參
選人，發揮應有的啟示作用。

第九篇　設立競選總部　宣示參選決心

　　競選辦事處設立目的：不論設立公司行號，或經營商店，主其事者必須尋找一個目標明顯，交通方便，地點適中，人口集中，來往人潮較多之重要路段，如丁字路口，十字路口，或分岔路口等，以供作為門市，推銷自己的產品，使公司能夠得以生存，進而發展、壯大。

　　選舉當然也不能例外，除全國不分區及僑居國外國民等選舉外，其餘的參選人，必須於選舉期間設置競選辦事處（民間通稱為競選總部），以供作為籌備、規劃、推動選戰的大本營，其主要目的，在昭告天下，表達決心，尋求支持，贏得勝選。

　　競選辦事處設立限制：於公職人員選舉罷免法中，訂有明文規定「候選舉人於競選活動期間，得於選舉區內設立競選辦事處」。不過這段內容所指，其設立地點是在「選舉區內」，如果跨越選舉區設立者，不僅於法不合，將受處罰，且對於參選人，也無任何幫助。因競選辦事處之設立，是告訴自己選舉區內的選民，本人正式參與選舉，請你認同及支持。所以，跨越選舉區設立競選辦事處，既然無法發揮應有的宣傳效果，又何必多此一舉，做無謂的浪呢，否則將勞命傷財，一無是處。

　　競選辦事處設立方式：同一黨籍的候選人，基於節約原則，作者建議最好夠聯合設立競選辦事處，避免造成無謂的浪費。因為一所競選辦事處之設立，最少也得要租金、水電費、人事費、裝潢費、什費等，不是一個小數目，能省則省，

節約不必要的浪費。

　　競選辦事處設立功能：選舉期間參選人，於適當地點設立競選辦事處，確實有其必要性，因為它對於表達參選決心，極力爭取選民支持，顯得非常的重要，一旦設立完成，即可發揮下列功能：一、可成為競選團隊的指揮中心，使團隊成員有歸屬感。二、可成為籌備、規劃、推動選戰的樞紐，以統一事權，發揮統合作用。三、可明確宣示參選人的意志及決心，號召選民的認同與支持。四、可就近為選民提供服務，增進與選民之間的互動關係。五、可為參選人製造聲勢，開創有利的選戰局面。六、可方便對外協調，聯繫，便利選舉委員會公文或通知之送達。

　　競選辦事處設立時機：依選舉罷免法規定應於競選活動期間始得為之。所謂競選活動期間，係指於候選人名單公告之日起至投票日前一日止，惟事實上規定期間甚短，期間又因公職人員選舉種類之不同，而有所區別，其中村（里）長及鄉（鎮、市）民代表等，期間最短，僅有五天；總統副總統期間最長，計有二十八天，若於候選人名單公告之後再成立競選辦事處，確實是緩不濟急，如果設立過晚其作用及功能，恐怕會大打折扣，讓參選人喪失機先，同時將影響選民正確的判斷及選擇。

　　根據過去例子，許多參選人或競選團隊，為了「先聲奪人」，爭取媒體報導機會，藉機製造宣傳效果，只好紛紛提早設立競選辦事處，但因選舉尚未正式開始，那裡需要設立競選辦事處呢，為了避免落人口實，特將類似場所命名為，後援會、賜教處、服務處等，達到合理化、除罪化的目的，

避免給自己帶來無謂困擾。

　　競選辦事處設立時機：參選人所設立的辦事處，依法必須於候選人申請登記之同時提出，並經選舉委員會之監察部門審查通過才能算數，否則就是違反公職人員選舉罷免法之規定，將由選舉委員會通知候選人限期改正，如仍不改正者，視為不設置，並應依法處新台幣一萬元以上十萬元以下之罰鍰。凡經過提出申請登記之競選辦事處，在候選人名單公告十日前，仍舊可以申請更正，選舉委員會為了加強對候選人的服務，不論星期例假日，均照常受理，十分便利。

　　競選辦事處設立地點：依據公職人員選舉候選人競選辦事處及助選員設置辦法規定，競選辦事處不得設於機關、學校、團體或經常定為投、開票所之處所及其它公共場所，自競選活動開始之日起設立，並應在其門口懸掛銜牌，其式樣依選舉委員會規定格式製作。

　　競選辦事處設立數量：依現行規定並無限制，參選人必須根據事實需要，以及個人經濟能力許可範圍，儘可能的想辦法設立競選辦事處，至於設立數量，以作者個人的經驗及看法，無論何種公職人員選舉，每位參選人至少在選舉區內之每一鄉（鎮、市、區）行政區域內，應設立一個競選辦事處，以拉近和選民之間的互動關係，爭取認同與支持。這種支出是不能省的，否則與選民之間會有疏離感，將造成難以預估的損失。

　　競選辦事處之管理：依法由參選人自行負責，如設立數量超過二所以上者，應有主從之分，其中主辦事處部分，仍應由參選人自行負責，餘可由參選人指定人選負責。至於管

力方式，最好能夠做到「事事有人管，處處有人管，時時有人管，人人參與管」的要求，使競選辦事處可以成為一個棉密的工作網，在整個競選活動過程中，不論人、事、物，全部都納入管理範圍，絕無漏網之魚，讓參選人在「無後顧之憂」情況下，專心從事競選拜票及拉票的活動，自然可以愉快的參與選舉，輕鬆的贏得選舉勝利，達到個人從政的願望，實現個人的理想。

競選辦事處之禮遇：參選人設立競選辦事處，一旦提出申請，經由選務機關監察部門審查通過，並加以公告者，即為合法，除可獲得法律的保障外，同時也能獲得地方政府的保護即禮遇，首先地方政府警察機關主管部門，將指派員警對參選人所設立的競選辦事處，實施不定時的巡邏勤務，保障其人員及處所的安全。另交通主管機關部門，將主動派員為參選人規劃停車格，以供停放宣傳車輛，是兩項亟為便民的服務措施，參選人或競選團隊，可多加利用。

第十篇　爭取政黨提名　減輕個人負擔

　　根據慣例，各種公職人員選舉，政黨內部的提名作業，將提早數月即已展開，其中部分政黨的提名方式，如民主進步黨，原則上採取初選提名制度，也就是候選人提名方式，須經由黨員投票過程產生。政黨提名候選人的方式，大概不外乎有「徵召」、「提報審定」、「黨員初選」等三種制度。

　　所謂「徵召」，是政黨根據天時、地利、人和、競爭對手，以及贏得勝選等主觀因素與客觀條件之考量，徵召特定人選，如政務官、學者、社會知名人士，代表政黨出馬參與選舉。不過，這種提名方式，一般譏為「空降部隊」，容易為人詬病。其利弊分別介紹如下：在優點方面，政黨可以藉機延攬人才，培養人才，達到「人盡其才」目的。在缺點方面，不符民主程序，容易引起黨內反彈，影響政黨內部團結與和諧。

　　所謂「提報審定」，是依據政黨所訂提名作業辦法，由各級黨部限期受理黨員申請登記，再呈報中央黨部，由中央黨部組成專案評審小組，進行審查作業，根據審查結果提出人選，送經中央黨部決策階層審議通過，正式完成提名作業。其利弊分別介紹如下：在優點方面，可以減少因舉辦黨內初選而耗費的經費、人力、時間，避免因舉辦黨內初選所帶來的各種衝擊。在缺點方面，未經初選程序提出人選，給人有閉門造車，或國王欽點等感受，難讓落選者心服口服，容易導致內部分裂，影響政黨的團結與和諧。

　　所謂「黨員初選」，是依據政黨所訂初選辦法，接受黨員申請登記，再經由黨員以投票方式選出政黨提名人選。其

優點及缺點，分別介紹如下。

在優點方面，符合民主程序，達到公平、公正、公開原則，讓有志者各憑本事，爭取出頭機會，維持政黨內部團結與和諧。

在缺點方面，容易造成山頭頂立、派系割據現象，尤其人頭黨員泛濫時有所聞，甚至引發賄選買票事件，導致劣幣驅除良幣，容易埋沒人才，讓學者專家及社會知名人士，視為畏途，望而卻步，嚴重影響政黨的進步與發展，另也因初選而造成經費、人力與時間的浪費，增加政黨的財政負擔，舉辦不易。

每一種選拔或提名方式，均有其優、缺點存在，究竟採用何種選拔或提名方式較為適當，要根據政黨本身的屬性及黨內的共識而定。

總之，具有黨籍身分者，如果打算參與公職人員選舉，首先必須全力爭取政黨提名，也唯有經過黨內提名程序，才有其正當性，進而獲得所屬政黨，及其同黨同志的支持，增加勝選籌碼，於是如何爭取政黨提名，避免孤軍奮戰，讓自己陷入孤立地位，才是爭取勝利的唯一途徑。反之，如擁有黨籍身分，但未經政黨提名，而擅自參與選舉者，即被視為無黨籍人士，不僅將失去政黨奧援，更難得到有政黨取向選民的支持，最後必然敗下陣來。

根據實例，除非參選人原本具有較高的知名度，良好的形象，驚人的群眾魅力，並擁有廣大的支持者，否則，除無法獲得同黨同志諒解外，也將被支持者所唾棄，從此失去政治舞台，永遠無法東山再起，所以，如何爭取所屬政黨的提名，為參選者首要考量的問題，千萬不能忽視。

第十一篇　準備所需證件　保證高枕無憂

當今的人類社會，雖然已經是科技時代，但不論任何先進或落後國家，凡是個人跟政府機關之間打交道，而產生互動關係，其規定必然嚴謹，手續一定繁瑣，必須具備各種的證明文件，才能成事，否則就行不通，辦不成。

我們應該瞭解，政府機關是負責執行國家或政府的法令規定，而法令規定本身是呆板的，不管規定本身是否完備、周全，但都得按照規定執行，唯有這樣的堅持，才能符合「依法行政」原則，沒有商量餘地，不然那有什麼法治可言。

凡打算參與一般公職人員，或總統、副總統選舉者，於選舉罷免法中訂有明文規定，在辦理候選人申請登記時，必須備具各種的證明文件，而這些證明文件，如果沒有事先加以準備妥當，到時恐怕將會手忙腳亂，至於需要準備那些證明文件呢？請看以下的介紹。

一、戶籍謄本

依選舉罷免法規定，選舉委員會在受理參選人申請登記時，必需繳交本人最近三個月內戶籍謄本一份，其繼續居住期間必須滿四個月以上，但在同一行政區域者（也就是臺灣省、福建省、臺北市、高雄市等四大區域內），於四個月（最新修正案將改為六個月）內曾經有過戶籍異動者，必須將所異動過之戶籍謄本一併繳交選舉委員會，以供合併計算其居住時間，其中總統、副總統選舉之參選人部分，還必需繳交在自由地區曾經設籍十五年以上之戶籍資料。至於合併計算

居住期間的方式，如某參選人曾經居住過臺中縣二個月（或四個月），臺南縣二個月，由於兩地均屬臺灣省行政區域範圍，居住期間合計起來已滿四個月（或六個月），即有資格參與該兩個選舉區內任何一個選舉區之立法委員選舉，但類似異動必須以選舉委員會發布選舉公告之前為限，而且不能跨越四大行政區域範圍，如果跨越四大行政區域範圍外，即不能合併計算居住期間，將喪失選舉及被選舉權，對於這點參選人必須特別注意。

戶籍謄本之申請，由於政府擴大推動便民服務措施，目前可以說是十分方便，凡在上班時間之內，隨到隨辦，不要幾分鐘的時間即可辦妥，而且在臺北照樣可以申請到高雄的戶籍謄本。但在民國八十四年六月以前之除戶資料，因尚未納入戶政電腦資訊系統，必須提出申請書並付上回郵，寄至原戶籍地之戶政事務所，才能請領到所需要的戶籍謄本，其申請手續，算起來還是非常的簡便。

二、相片

依規定參選人向選舉委員會申請登記時，必需繳交本人最近之脫帽、正面、半身、光面、黑白相片。這樣的規定或許讀者會認為過於「吹毛求疵」，如今已是科技時代，還這樣的囉哩叭唆，難免讓人有些不解？不過，就以選舉委員會的立場而言，為求在印製選舉公報及選舉票時，使參選人的相片能夠清晰完美，以求達到公平、公正、公開原則，所以是有其必要的。

需要繳交張數，其中區域候選人部分為五張，原住民候

選人部分為五十四張,總統、副總統候選人部分為二十九張（其中一張由候選人自行張貼在申請調查表上），而每一張相片背面,必須書寫選舉區別及參選人姓名,但應避免書寫過之墨汁污染其它相片的問題,以免影響未來選舉委員會印製選舉公報及選舉票效果,讓選民難以辨認。相片若為側面照者,同樣也會影響印刷效果,容易使選民圈錯人、投錯票,候選人宜配合規定辦理,以便利老一輩選民圈選,確保自己的票源。

三、退學證明

依據目前的選舉罷免法規定,不論一般公職人員或總統、副總統選舉,凡在學並有學生身分者,除非參選人在選舉委員會受理申請登記之前,已經辦妥退學手續,否則均不得登記為候選人,參選人在填寫個人的學歷時,如係肄業且已離校者,必須一併繳交學歷證明或離校證明,不然就以在校學生論,將會影響參選權利（最新修正案如獲得通過,此部分即將可以免除）。

四、離職證明

依據現行選舉罷免法規定,現役軍人或警察（最新修正案尚包括服替代役之役男在內）、在校肄業學生、辦理選舉事務人員等,均不得登記為一般公職人員或總統、副總統候選人（另外具有外國籍者,也不得申請登記為總統、副總統候選人）。因此,原來具有類似限制身分者,除非參選人在選舉委員會受理申請登記之前,辦妥有關退役、退職、退學、

離職手續，否則將不得申請登記為候選人。凡有意參與選舉者，於候選人申請登記之同時，必須繳交退役、退職、退學、離職證明，才能過得了關。縱然能一時矇混闖關且意外的當選了，同樣的當選無效，千萬不要抱持僥倖心理，以免空歡喜一場，尤其在這幾類人物之中，以選舉委員會委員、顧問、監察小組委員，辦理選舉事務人員等，角色最容易發生混淆，必須格外加以注意。有關在校學生參選限制部分，於最新修正之公職人員選舉罷免法，已經加以刪除，如果能夠獲得通過，未來在校學生，凡年滿二十三歲，並有選舉權者，一樣也可以擁有被選舉權。

五、政黨推薦書

凡有黨籍之參選人，必須在選舉委員會受理申請登記之前，取得所屬政黨推薦書，否則就得脫黨參選，或以個人名義參與選舉，到時將無法得到政黨之奧援，勝選機率勢必大打折扣。至於政黨推薦書格式，選務主管或主辦機關選舉委員會，已有統一規定，並印妥以備提供參選人領取使用。不過，目前就政黨而言，其中中國國民黨、民主進步黨、新黨、親民黨等四個主要政黨，均由各政黨之中央黨部，按照選務主管或主辦機關選舉委員會規定格式，自行印製統一格式，提供所屬黨員使用，凡經過程序獲得提名者，即可請求核發，以供備用，避免臨時手忙腳亂，影響參選的情緒。

六、助選員資料

根據過去的規定，凡是要上台演講者，一律需要具有助

選員身分，才能符合規定，否則就構成違法情事。因此，在公職人員選舉罷免法中，特別訂定有關助選員制度。在修正案尚未通過之前，參選人仍舊有設置助選員之規定，至於每一參選人設置助選員人數，因選舉種類之不同而有所區別。其中直轄市長參選人部分計五十人，原住民立法委員參選人部分計四十五人，區域立法委員、直轄市議員、縣（市）長參選人等部分計二十五人，縣（市）議員參選人二十人，鄉（鎮、市）長參選人部分計十五人，鄉（鎮、市）民代表參選人部分計十人，村（里）長部分計三人。

每一助選員必須準備表件種類及數量，計有：一、最近三個月內戶籍騰本或國民身分證影本一份。二、一吋正面脫帽相片二張。三、助選員同意書一份（因助選員名冊上需要加蓋各助選員之印章，如果某助選員因故蓋章有所不便者，應事先取得該助選員之同意書，格式由選務主管或主辦機關選舉委員會統一提供參選人使用），但助選員本人，必須在同意書上蓋章，才符合選務主管或主辦機關選舉委員會之規定要求。參選人對於這些資料的準備，應該事先予以完成，所謂「有備無患」。

有關置助選員之規定部分，因候選人競選活動，目前已回歸集會遊行法之規範，凡經過申請核准之合法性集會或活動，除現役軍人、警察、公務人員、辦理選舉事務人員之外，其他任何人上台演講，均不受其限制。因此，設置助選員之規定，已失去應有的作用，最新的公職人員選舉罷免法修正案，已將此部分列入修法刪除條文，如能獲得立法委員諸公們認同，即可廢止，將使助選員制度，從此走入歷史。

七、財產清查

　　凡參與一般公職人員選舉，或總統、副總統選舉，選務主管或主辦機關選舉委員會，在受理候選人申請登記時，依公職人員財產申報法之規定，各參選人必須同時繳交財產申報表（一式四份）。其申報範圍包括本人、配偶及未成年子女所有的動產及不動產，項目涵蓋土地、房屋、船舶、汽車、航空器、存款、外幣、有價證券、其它財產（如黃金珠寶、古董、藝品等）、債權、債務、事業投資等，內容十分的複雜，如果事先不加以清理，一時之間恐怕是很難清查計算出來的。原因是我們每個人，縱然擁有家財萬貫，但是平日不一定能夠正確的了解自己，和家屬的財產數量及其價值，所以必須提早做好清查計算工作，以便能夠及時提出申報資料，凡無正當理由不為申報，或申報不實者，選務主管或主辦機關選舉委員會，將以違法論處，將對參選人處以罰鍰，並公告其姓名，屆時將會影響個人的聲譽，甚至於影響自己的票源，所以，不能掉以輕心。

八、個人資料及政見

　　依選舉罷免法規定，由選務主管或主辦機關選舉委員會，統一印發選舉公報，為我國公費選舉項目之一，是我國特有的一種公費選舉制度，其做法也就是由選舉委員會將參選人個人的資料及政見刊登於「選舉公報」，並交由鄉（鎮、市、區）選務作業中心，指派專人送達選舉區內各家戶，讓選民有機會認識參選人，進而予以肯定支持。

選舉公報內容，包括各參選人的姓名、出生年月日、性別、出生地、推薦之政黨、學歷、經歷、職業、住址等，其中學歷、經歷字數，一般公職人員參選人部分，每人以一百五十字為限；全國不分區、僑居國外國民參選人部分，每人以七十五字為限；總統、副總統參選人部分，每人以二百字為限。另一般公職人員參選人部分，還可提出個人的參選政見，其字數以六百字為限（均不含標點符號在內）。

一般而言，現代人大都不太喜歡囉嚕叭唆的文宣，當然也沒有那麼多的時間，來閱讀參選人所提出長篇大論的政見，因此，建議參選人在填寫個人競選政見時，還是簡單一點的好，內容能省則省，最好以重點式提出個人未來的抱負和願景即可，至於細節及做法部分就免了，如果能夠留待問政說明會，或政見發表會時再談也不遲。

有關馬路的修補、排水溝的疏通、路燈的復明、垃圾的清運等問題，應該是屬於直轄市，或縣（市）議員、鄉（鎮、市）民意代表們的職權範圍，而中央級的立法委員諸公們，則應以國家典章制度的建立、改良，以及中央政府大政方針的監督等為主，服務選民的需求為輔，建議大家都能夠謹守中央與地方公職人員的職權分際，所提出的政見也因公職人員選舉種類之不同，而有所區隔，千萬不要再發生時空錯亂的現象，否則此種愚弄選民，騙取選票的作法，遲早會失去知識份子的支持，參選人不可不加以注意。

總之，對於這些工作都可在事前加以準備妥當，當然最好採用打字，避免因手寫而發生筆誤情事，容易引起紛爭，製造困擾。至於規格可參考一般稿紙（不須預留中線），等

到領取制式書表之後，只要黏貼上去再於黏貼處加蓋參選人之印章，大功即告完成，自然可以節省許多時間，好將多餘的時間用在其他競選活動上面，爭取更多支持。

第十二篇　爭取選民支持　必須推銷自己

　　現任公職人員，由於表現機會較多，不是上報紙，就是上電視，形象較好者，往往成為媒體或記者爭相追逐的對象，因此打響了個人的知名度，進而被塑造成為社會的精英，想讓自己不紅也難。

　　某些人先天上有過人的智慧，加上後天的努力修持，秉持勇於衝刺，敢於挑戰的精神，抱定勤於問政，用心經營的理念，在短時間之內，即能夠培養出超強的人氣，在國會或議會殿堂上，嶄露頭角，出人頭地，使自己立於舉足輕重的地位，不論一言一行，均能對社會人群產生影響力，最後成為家喻戶曉的政治人物，進而成為人們學習、模仿的對象。這類型的政治人物，在媒體之前，已佔有絕對的優勢，根本不需要自我推銷，也有固定的支持者，每當投入選舉，必然輕鬆愉快，以談笑用兵態度，也能輕而易舉打贏選戰。

　　對於初次參選者而言，可就不是那麼簡單，一旦投入選戰，凡事都得靠自己。因此，必須拿出個人的看家本領，施展出十八般武藝，運用各種招式，抓住適當機會，適時推銷自己，才能讓選民在短時間內，認識你，了解你，肯定你，支持你。或許有人認為這種想法，猶如「天方夜譚」，但根據過去經驗，確實已有無數成功例子，其中首推民主進步黨，以及後來之新黨，兩黨創黨之初，絕大部分的參選人，都採用這種方法，打選戰而得天下，結果不僅為個人獲得空前的勝利，也為所屬政黨創造了驚人的成就。不可否認民主進步黨與新黨等兩個政黨，所以能在短時間內崛起，一舉贏得勝利，終至成功，乃至壯大，主要歸功於獲得社會廣大義

工群的支持，大家有錢出錢，有力出力，無怨無悔的犧牲奉獻，才能使這兩個新興的政黨，很快地成為國家社會的主流力量。如今加上後起的親民黨，同樣也是「來勢洶洶」，頗有後來居上之勢，已在政壇起了舉足輕重的作用，再度成為一股不可忽視的生力軍。凡是有抱負，有理想的青年才俊，只要有心為國家社稷服務，相信一定能夠得到社會人群的支持。有志從政的青年朋友們，為了臺灣民主政治的長遠發展，應該把握機會，主動積極，拿出勇氣，勇往直前，尤其在衝刺的過程中，絕不放過任何機會，運用宣傳技巧，全力自我推銷，相信總有一天，會有意想不到的收穫，照樣也能使自己成為國家、社會、人群，未來的主導者。

在我們的生活周遭，實際上已有許多社區性組織，例如里鄰組織等，每里之內，又有許多組織，如民防分團、里服務小組、睦鄰互助推行小組、婦女小組、後備軍人小組、環保義工小組、社區發展協會、改善民俗實踐會、農、魚業推廣小組、寺廟、神壇、教會負責人聯誼會、各類晨間活動組織等，平日如果多點關心，並儘可能直接參與，對於爭取更多的認同與支持，將會產生莫大的助益。

選務主辦機關選舉委員會，舉辦候選人申請登記或候選人抽籤等，參選人應該排除萬難，撥出時間親自參與，因為類似的活動，也可透過媒體，藉機擴大宣傳，推銷自己，加深選民印象，贏得更多的信賴與肯定。

如經濟能力允許時，政黨或參選人也可考慮以政黨或個人名義，設置網站，有計畫，有步驟地介紹政黨或個人的理念與願景，積極做好推銷工作，已是目前極為盛行的一股風氣，更是未來發展的必然趨勢，值得各界廣泛運用。

第十三篇　培養種子隊伍　發揮燎原作用

　　在選戰進行中，候選人的競選方式，花招百出，讓人目不暇給，但歸根究底，不外有兩種型態，一種是「單打獨鬥」型，一種為「人海戰術」型。兩種型態最大的區別在於，前者用「廉潔」為訴求，以哀兵姿態，被動消極作為，博取社會同情票源，容易給人產生「玩票假像」，似有志在參選，不計成敗的想像空間，所以難有出線機會；後者用「積極作為」為訴求，處處表現志在必得決心，以主動而積極態度，爭取社會廣大票源，所以能夠獲得選民的認同、肯定與支持，贏得選舉勝利，達成從政願望。

　　參選人的競選活動，不論採取何種型態，基本上首要得到廣大群眾的支持，才能發揮造勢效果，引起選民的注意，進而獲得認同與肯定。至於如何才能得到廣大群眾的支持、認同，與肯定呢？首先必須獲得家人、親戚、朋友、同學、同事的一致支持，組成最基本的種子隊伍，再以星星之火，引發燎原作用，產生連環效應，匯集廣大義工團隊，讓參選人在競選活動期間，所到之處，萬人空巷，形成一股熱潮，發揮造勢效果，引起選民的注意，進而獲得認同、肯定，與支持。

　　經過以上介紹，大概可以了解，參選人不論從事靜態性的演講會，或動態性的競選活動，亟需種子隊伍的陪襯、拉抬、搖旗、吶喊，才能引起選民的注意，達到宣傳造勢效果，贏得選民的支持，因此，顯示基本種子隊伍在選戰中的重要性，更是選戰不可或缺的一環。

　　種子隊伍的組成，並無人數限制，少則八人十人，多則
數十人甚至百人，惟人數多寡，需視參選人的形象，魅力，
人脈關係，與經費負擔能力而定。不過一旦種子隊伍成軍，
所有隊員除休息、睡覺之外，必須全天候陪伴參選人，東奔
西跑拜票、拉票，根本沒有個人的時間，或生活自由，因此
隊員人選的物色，前提必須有時間，並可全程參與所有活
動，否則，不僅將影響整體性的競選活動計畫，也容易造成
隊員調度的困難，必須防範未然，以免造成混亂，無法發揮
預期作用與效果。

第二步驟　選舉中——攻擊發起階段

所謂「選舉中」，就是發起攻擊階段，係指自選舉委員會正式發布選舉公告之日起至投票日止期間之過程。

期間之長短，依公職人員選舉種類之不同而有所區別，其中一般公職人員選舉部分，依法不得少於四十日，總統、副總統選舉部分，依法不得少於一百二十日。

就選舉過程而言，「選舉中」乃是選戰成敗的關鍵時刻，參選人必須全神貫注，全心投入，全力打拼，否則之前的各項籌備工作，也將白費心機。務必格外的用心經營，才能爭取最後的勝利。

至於需要執行那些工作呢？事實上需要做的事可多著呢，如果想要瞭解其中過程，請看以下的介紹。

第一篇　掌握選舉公告　了解選舉動態

　　不論何種公職人員選舉，大概都需要經過一段時間的醞釀、炒作、報導，形成一股熱鬧氣氛，最後須經由選務主管機關正式發布選舉公告，才能定案。一旦經過選務主管機關，正式發布選舉公告，表示選舉已進入倒數計時階段，在此期間，除同一選舉區外，凡跨越選舉區遷移戶籍者，將喪失選舉投票權，一個選舉人一旦喪失選舉投票權，那裡還有被選舉權可言。因此，參選人必須特別注意戶籍遷移問題，否則到頭來，縱然擁有滿腔熱血，及遠大抱負，如果喪失選舉投票權，其他的什麼都別談了。

　　選舉公告發布時間，因公職人員選舉種類之不同而有所區別，其中村（里）長、鄉（鎮、市）民代表、鄉（鎮、市）長等選舉部分，約在投票日七十五日前為之；縣（市）議員、縣（市）長、直轄市議員、直轄市長、立法委員等選舉部分，約在投票日九十日前為之；總統、副總統選舉部分，約在投票日一百二十日前為之。

　　選舉公告發布內容，包括選舉種類、應選出名額、選舉區劃分、投票日期、投票起、止時間及競選經費最高金額等有關事項。另外尚有其它公告事項，如返國行使選舉權之選舉人申請公告（依規定在投票日八十五日前為之）、完成連署人名單公告（依限應於候選人登記前為之）、候選人登記公告（依規定一般公職人員部分，應於投票日二十日前為之，總統、副總統部分，應於投票日五十日前為之）、投票所設置地點公告（依規定應於投票日十五日前為之）、競選

活動場所地點公告（依規定應於競選活動開始前為之）、候選人名單、競選活動期間之起、止日期及每日競選活動之起、止時間公告（依規定應於競選活動開始前一日為之）、助選員名單公告（依規定應於競選活動開始前為之）、選舉人名冊公告（依規定應於投票日十五日前為之）、選舉人人數公告（依規定應於投票日三日前為之）、當選人名單公告（依規定應於投票日後七日內為之）。這一連串的公告事項，對於參選人而言，將可提供完整的資訊，必須格外加以關注。

　　參選人及其所屬的競選團隊，如何能夠及時獲知有關選舉公告之發布訊息呢？根據慣例選務主管機關發布選舉公告，不外乎透過四種途徑，一、利用公告欄，張貼選舉公告文。二、適時舉辦記者招待會，透過媒體協助報導公告內容。三、就公告內容發布新聞稿，透過媒體協助，擴大報導。四、透過網路系統，發布選舉公告。完成法定程序，達到昭告天下的目的。

　　當然，參選人不可能親自前往各級選務主管機關所在地，查看選舉公告，或參加選務主管機關所舉辦的記者招待會，事實上也沒那麼多的空閒時間，於是，參選人及其競選團隊，應隨時注意媒體如電視、廣播、報紙或網路等訊息或報導，即可獲得有關選舉資訊，另也可透過選務主管機關網站，獲得所需選舉資訊，適時而有效的掌握相關選舉資訊，建議參選人多加利用。

第二篇　蒐集選舉資訊　方可知己知彼

　　選舉就像是一場戰爭，或者也可以說就是一場激烈的競賽，在競賽的過程之中，參選人及其競選團隊，必須全面備戰，主動出擊，適時而廣泛的蒐集相關資訊，才能有效掌握選舉情勢，使自己爭取到有利局面，立於不敗之地。

　　不論任何一種競爭，唯有「知己知彼」，才能「百戰百勝」。究竟需要蒐集那些選舉資訊呢？大概不外乎下列幾種。第一、需要蒐集同一選舉區內其他參選人的政黨屬性，個人背景、主打文宣、競選策略、活動範圍、造勢方式、民意支持度等相關資訊。第二、需要明瞭可供舉辦集會活動之場所地點及容納人數？何時舉辦比較適當？使用何種方式通告選民周知？舉辦集會活動時究竟邀請那些重要人物參與？會場需要準備事項及用具？第三、選舉區內選民究竟有那些迫切的期望及需要？第四、需要採用何種宣傳方式？文宣訴求重點如何選擇？第五、那些地區可供懸掛或豎立標語、看板、旗幟、布條，預定設置路段、種類、方式、數量、佈置時機、使用工具、運輸工具、所需人力，以及相關規定等，都需要加以瞭解、勘查、紀錄，並建立完整的管理資訊，同時也需要事先與所有人、使用人或管理人，加強協調聯繫，方便借用作業。

第三篇　參與總統選舉　非推薦即連署

　　由於總統、副總統選舉，關係國家未來的生存發展問題，非同小可，不是任何人都可以參與的選舉，必須有某種程度的資格限制。在總統、副總統選舉罷免法條文之內，雖然並無學歷及經歷限制之規定，但是一般想要成為總統、副總統候選人，並非那麼的簡單。例如一個人如果想要成為總統、副總統候選人，必須透過兩種途徑，其中一種是由依法設立之政黨推薦，取得參選人資格；一種是經由公民連署，取得參選資格。前者所推薦之政黨，於最近一次省（市）以上選舉，其所得推薦候選人得票數之和，應達該次選舉有效票總和百分之五以上，始有資格推薦候選人。因此，並非每個登記有案的政黨，都有資格推薦候選人。

　　以第十任總統、副總統選舉而言，在中華民國自由地區七十餘個已經登記立案的政黨之中，擁有推薦候選人資格者，僅有中國國民黨、民主進步黨、新黨等三個政黨，其餘各政黨均無資格推薦候選人。

　　以公民連署方式取得候選人資格者，其作業規定，於選務主管機關發布選舉公告後五日內，攜帶有關證件及選舉專用印章，向選務最高主管機關之中央選舉委員會，申請為被連署人，並申領連署人名冊格式，同時繳交連署保證金新台幣一百萬元。

　　被連署人於領取名冊格式後，依法必須於四十五日之內，完成公民連署活動，限期未能提出連署書件者，即已棄權論，並沒入其所繳之保證金。

　　公民參與連署活動資格限制規定，凡居住在臺、澎、金、馬自由地區的中華民國國民，只要年滿二十歲，即擁有連署權，不論在戶籍地或在工作地，均可參與連署活動。但每一位公民只限於連署一組被連署人，如連署二組以上者，即為無效，因為所有連署書件，除經過人工審查外，必須經由電腦登錄、校驗，過濾，抓取重覆連署或跨組連署案件，以杜絕投機取巧事件之發生。

　　連署人參與連署活動，必須檢附個人之國民身分證影本，並填具連署切結書，同時還要加蓋個人的印章，才能產生效力，如果缺少其中任何一項要件，將失去作用，不能發揮連署效果。

　　被連署人收到支持者所送回來的連署書件後，必須逐張加以編號，再以五十張裝訂成一冊，二十冊裝為一箱（紙箱可依連署名冊大小格式預為訂製），箱外依序編號，並按時送達被連署人或工作團隊，認為可以信賴的選務主管機關中央選舉委員會，或主辦之省（市），或縣（市）選舉委員會，完成點交、受理工作，並取回收據作為憑證，整個連署活動，才算大功告成。

　　如果想要成為一位合格的被連署人，究竟需要獲得多少位公民的連署支持，才能達到規定標準呢？根據選務主管機關中央選舉的統計及公告資料，以第九任總統、副總統選舉而言，連署人數為二十一萬之多，至第十任總統、副總統選舉期間，連署人數已達 224,429 人，由於人口及公民人數逐年增加，往後的選舉，其公民連署人數，想必也會逐年增加。

　　因目前人口成長速度日漸趨於緩慢，其幅度應該不致有

太大的變化，被連署人也不必過於擔心，但須心裡有數，如果沒有十足的把握，千萬不要輕易的嘗試，否則到頭來將是勞命傷財，因為連署活動如果沒有達到規定的連署人數時，所繳交的一百萬元保證金，就會因此而泡湯，所以事前必須三思而行，才不會遭受無謂的損失。

第四篇　取得參選資格　必須完成登記

參選人如果要想成為一個合格的候選人，首先必須完成候選人登記之申請，而申請登記為候選人，又必須經過二個階段，其中第一階段是領取申請登記所需各類書表，第二階段才是申請登記為候選人，才能取得正式的候選資格，至於如何進行呢？請看以下的介紹。

一、領取書表階段

首先就有關領取書表的時間、份數、資格、必備證件等規定有關事項，介紹如後。

領取書表時間，原則上自候選人申請登記公告發布之日開始，也就是在候選人申請登記日前三日起，截至登記之日止，於每日規定之上班時間內，均可前往各選舉區內選務主管或主辦機關，也就是中央或省（市）或縣（市）選舉委員會領取，不分星期例假日，照常受理。

領取書表份數，一般公職人員部分，依規定計有，候選人登記申請書一份、候選人登記申請調查表一份、候選人相片袋一個、助選員相片袋一個（含塑膠袋份數依助選員人數而定）、刊登選舉公報之候選人政見稿紙一份、候選人競選辦事處登記書一份、助選員名冊二份、助選員同意書若干份（份數依規定之助選員人數而定）、政黨推薦書一份、財產申報書一式四份、資料帶一個、委託書一份、其它相關書表或規定等。

總統、副總統部分，除助選員名冊及相片袋二項從缺外，其它與一般公職人員領取書表份數大同小異。領取書表

147

資格，其中一般公職人員部分，須為中華民國國民，年滿二十三歲以上，居住在選舉區內；總統、副總統部分，須為中華民國國民，年滿四十歲。

領取書表必備證件，領表人有效之中華民國國民身分證、印章，如屬代為領取者，亦要攜帶當事人之國民身分證及印章。

二、申請登記為候選人階段

申請登記為候選人，應具備的資格，必須備具表件種類、份數，因選舉種類之不同而有所區別。但參選人如果想要成為一位合格的候選人，必須依照選務主管機關選舉委員會之規定，如期提出申請登記，並檢附相關之表件及保證金，才能完成法定程序。以下就總統、副總統候選人，及一般公職人員選舉，有關候選人申請登記必備表件及份數，逐一加以介紹。

1、總統、副總統候選人部分

每一組總統、副總統候選人，於申請登記時，應備具表件種類及份數，分別介紹如下：（一）候選人申請登記書一份（格式由中央選舉委員會提供）。（二）候選人申請調查表一份（格式由中央選舉委員會提供，須貼相片一張）。（三）候選人最近三個月內戶籍騰本一份（必須為繼續居住六個月以上）。（四）候選人曾經在中華民國自由地區設籍十五年以上之戶籍騰本一份。（五）候選人本人二寸脫帽、正面、半身、光面、黑白相片二十八張（背面必須書寫候選人姓名）。

（六）候選人刊登選舉公報之個人資料一份（格式由選務主管機關中央選舉委員會提供）。（七）候選人設立競選辦事處者，其登記書一份（格式由選務主管機關中央選舉委員會提供）。（八）政黨推薦書（格式由選務主管機關中央選舉委員會提供，或由所屬政黨自行依照規定格式印製填發）或完成連署證明書一份（由選務主管機關中央選舉委員會發給）。（九）候選人之國民身分證（驗後當面發還）。候選人保證金，新台幣一千五百萬元（限於繳交現金或行庫、信用合作社、農、漁會信用部簽發之本票或保付支票）。（十）候選人「選舉專用印章」。

　　以上所規定的表（證）件種類、份數以及應繳納之保證金等，在前單元已介紹過，需要候選人提早做好準備工作，避免到了申請登記時，才發現表件或資料不全，或保證金不足等情事，而弄得手忙腳亂，人仰馬翻，除將會給外界與媒體記者，一種先入為主觀念，誤認你將難以成就大事，若因此被媒體報導出來，或多或少恐將影響到自己勝選機率，千萬注意避免，給人留下美好印象。

2、一般公職候選人部分

　　一般公職人員候選人，於申請登記時，應備具之表件，雖因選舉種類之不同而有所區別，但原則上差別不會太大，至於應繳交表件種類及份數，分別介紹如下：（一）候選人登記申請書一份（由選務主辦機關直轄市、縣（市）選舉委員會提供）。（二）候選人申請調查表一份（格式由選務主辦機關直轄市，或縣（市）選舉委員會提供，須貼相片一張）。

（三）候選人本人最近三個月內戶籍謄本一份（其繼續居住期間，須滿四個月以上（新修正案須滿六個月以上），如在同一行政區域內於選舉公告發布之前，曾有遷移情事，應檢附有關之戶籍謄本）。（四）候選人本人二寸脫帽、正面、半身、光面、黑白相片，其中行政首長或區域候選人部分為五張，一張自行貼在調查表上，原住民立法委員候選人部分，需要五十四張，一張自行貼在調查表上（相片背面須書寫選舉區及候選人姓名）。（五）候選人刊登選舉公報之政見及個人資料一份（格式由選務主辦機關直轄市，或縣（市）選舉委員會提供，其中個人資料內容部分，限於一百五十字以內，政見內容部分，限於六百自以內）。（六）候選人如果設立競選辦事處者，其登記書一份（格式由選務主辦機關直轄市，或縣（市）選舉委員會提供，登記書內應書寫設立地點、地址、聯絡電話、負責人，其中主辦事處負責人，依規定為候選人本人，其餘辦事處負責人，得由候選人自行指定）。

（七）候選人置助選員者，其名冊一份（格式由選務主辦機關直轄市，或縣（市）選舉委員會提供），至於助選員人數，直轄市長部分，每一候選人為五十人；原住民立法委員部分，每一候選人為四十五人；區域立法委員、直轄市議員及縣（市）長部分，每一候選人均為二十五人；縣（市）議員部分，每一候選人為二十人，鄉（鎮、市）長部分，每一候選人為十五人；鄉（鎮、市）民代表部分，每一候選人為十人；村（里）長部分，每一候選人為三人。每一助選員應繳交個人國民身分證影本一份，寸相片二張，但無色彩與否之限制規定，助選員無法在名冊上蓋章者，應檢附個人同意書

一份（格式由選務主辦機關直轄市，或縣（市）選舉委員會提供）。（八）經由政黨推薦之候選人，其政黨推薦書一分（至於格式，其中一種由各政黨依選舉委員會規定格式，自行印製填發，一種由選舉委員會提供，再由候選人送交所屬政黨填發備用）。（九）候選人財產申報書，一式四份（如無有正當理由不為申報，或申報內容不實者，依法將受到處罰）。（十）保證金，其中直轄市長候選人部分，新台幣二百萬元；縣（市）長候選人部分，新台幣一百萬元；立法委員、直轄市議員及縣(市)議員候選人部分，新台幣二十萬元；鄉（鎮、市）長候選人部分，新台幣十萬元；鄉（鎮、市）民代表候選人部分，新台幣八萬元；村（里）長候選人部分，以往不需繳交保證金，修正中之公職人員選舉罷免法規定，需要繳交一定額度之保證金，以符合受益者付費的公平原則，至於繳納額度，俟修正通過案後，再由選舉委員會統一訂定。另根據往例，也有部分候選人為了達到造勢效果，所繳納之保證金，全部以各類硬幣替代，給受理登記申請之選舉委員會，帶來不少困擾，需要動員全部職員協助點算，耗時費力，除延誤選舉委員會資料彙整、統計、傳送外，嚴重影響媒體記者採訪、截稿、晚間新聞報導時間？不僅怨聲四起，也難以發揮預期作用，毫無新聞價值可言，候選人宜避免重蹈覆轍，否則，容易引起眾怒，結果將適得其反，影響選民支持態度。（十一）候選人印章（最好是選舉專用）一枚（使用後當場發還，宜妥為保管，此印章等於候選人之選舉印鑑，將來不論領回保證金，或領取補貼競選經費，選舉委員會均以此印為準，所謂認章不認人）。（十二）候選人國民身分證

（驗後當場發還）。（十三）指定文件代收人名冊一份（格式由直轄市、縣（市）選舉委員會提供），由於在競選活動期間，候選人需要四處游走拜票，沒有時間接收由選舉委員會送達之通知或郵件，而選舉委員會所發出之各項通知或文件，均有時間性，除派遣職員負責送達外，有時也會以限時掛號郵件方式寄送，候選人需要指定一位家屬或助選團隊成員，負責保管「選舉專用印章」，便能夠隨時收取通知或郵件，避免錯過收件時間，影響候選人權利，因此於申請登記之同時，候選人須繳送一份指定文件代收人名冊，以維護本身利益。（十四）參加公辦候選人政見發表會調查表一份（格式由選務主辦機關直轄市，或縣（市）選舉委員會提供），依規定現行公辦候選人政見發表會，一律由選舉委員會以錄影方式錄製，再透過地區性有線電視網播出，候選人應參加，不要輕言放棄，以免失去宣傳機會。（十五）使用宣傳車輛數調查表一份（格式由選務主辦機關直轄市，或縣（市）選舉委員會提供），以便核發宣傳車輛旗幟，提供候選人於競選活動期間，懸掛在宣傳車前指定位置。（十六）其它（依據選舉委員會所訂之補充規定，或臨時通知附帶規定事項，須繳送資料，需每一候選人配合辦理，以維個人權利）。

領取書表期間，依規定在候選人申請登記之日前三日開始，至申請登記截止日止，在此期間不論星期例假，每日均可前往領取。領取書表時間，凡在選舉委員會上班時間之內均可為之。

申請登記為候選人時間，約在領表之日起第四日開始，也就是由領取書表至申請登記，期間僅有三天，時間非常短

暫，參選人宜妥善運用有限時間，不然可供使用時間實在不多，在資料準備單元中，已經介紹過，事前須有充分準備，否則事到臨頭，恐將措手不及。

申請登記期間，如果僅有一種公職人員選舉，大概只有五天的時間，每天受理登記時間，自上午八時起至中午十二時止，下午一時三十分起至五時三十分止，時間計算，分秒不差，準時受理，定時關門，尤其最後一天截止時間，規定更為嚴格，可說是公事公辦，六親不認，一視同仁，絕不徇私，參選人應注意把握時間，千萬不能遲到，否則會因此失去參選機會，一切希望都將落空。所以，事前準備工作，非常重要，千萬不可馬虎。

根據經驗，許多候選人習慣上，都愛選擇吉日良辰辦理申請登記，不僅給選舉委員會造成擁擠，也浪費個人寶貴時間，實在令人不解。因此，在所謂似好非好日子，幾乎整天沒有一位候選人上門，讓選舉委員會數十位工作人員，以及媒體記者，只好痴痴的等，但結果始終「等莫郎」？

今天人類已進入二十一世紀，也是個進步文明社會，其中更有許多知識份子，若仍有此保守觀念，或迷信態度，不僅讓人感到奇怪，也將阻礙國家未來的發展與進步，這種不良風氣，猶待大家一起改善。

其實在不被認為好日子的時間裡，如逢星期例假，最讓選務主辦機關直轄市，或縣（市）選舉委員會難為，如僅有部分人員留守，又恐怕會有候選人上門，無法應付受理作業，倘若全員到齊，恐將造成人力、時間及預算之浪費，實在「莫衷一是」，不知如何是好？

　　以基督徒的角度而言，每逢禮拜天都是好日子，所以，不分男女老少，每人都須穿戴整齊，攜家帶眷前往教堂望彌撒或禮拜。如候選人在此日子也願前往辦理申請登記，實際上將是好事一樁，因為一則能讓自己製造宣傳機會，再則也給媒體記者有新聞採訪機會，是利人利己的一種作為，機會難得，每位候選人應該把握大好機會，千萬不要輕易錯過，相信將會產生莫大的宣傳效果，何樂而不為呢。

　　有許多參選人，由於身分特殊，不肯放下身段，輕易拋頭露面，避免有失身分，以致不論領取書表或申請登記，都喜歡委託他人代為辦理，表示自己有分量，罩得住。其實這種作法是錯誤的，因為既然下定決心參選，就應該正大光明走出來，面對媒體與群眾，主動積極推銷自己，因為領表及登記先後有兩次機會，均能獲得媒體的免費報導，並代為介紹或推銷自己，讓選民有多一分認識與瞭解，因此，建議參選人把握難得宣傳機會，及時推銷自己。

第五篇　配合選舉程序　掌握選舉步調

　　無論何種公職人員選舉，不分大選或小選，選務主管或主辦機關之選舉委員會，於選舉期間，將會訂定有關選務工作進行程序表，並印製成冊，在受理候選人申請登記時提供候選人參考，讓所有的候選人均能配合規定程序，大家統一步法，從事正常的競選活動，避免候選人發生違法或脫法情事，失去公平競爭原則。

　　選務主管或主辦機關選舉委員會，所訂定的選舉工作進行程序表，涵蓋期間因選舉種類之不同而有所區別，一般約三至五個月之間，工作項目多達七、八十個。其中與候選人有密切關係者，除選舉公告之發布、被連署人領取連署人名冊格式、連署結果公告、領取候選人申請登記書表、候選人申請登記事項公告之外，尚有候選人競選活動場所地點公告、推薦投票所監察員、候選人抽籤決定號次、投票所設置地點公告、選舉人名冊閱覽公告、候選人名單、助選員名單及競選活動期間之起、止日期及時間之公告、公辦候選人政見發表會時間、選舉人人數公告、投票與開票日期、當選人名單公告、發給當選證書、發還候選人保證金、寄送候選人在每一投票所得票數、領取補貼競選經費、候選人申報競選經費收支結算等二十項之多，每一項均有時間性，候選人事先需要加以了解，並切實而有效的掌握選舉進度及時效，以利有關競選活動之進行。

第六篇　訂定競選主軸　強化宣傳號召

競選主軸的訂定,是候選人參與選舉,贏得勝利的主要宣傳訴求,也是爭取選民認同,獲得社會大眾支持,不可或缺的基本要素。

每一政黨、政團或候選人,必須根據當前社會脈動,秉持因時、因地、因人制宜原則,訂定競選宣傳主軸,不過也需要考量選舉種類,辦理時機,選民結構,社會環境,以及人群需要等因素,就個人理念及參選訴求之不同,而有所區別。但基本上,必須符合當地選民需求,然後對症下藥,才能發揮應有的宣傳效果,引起選民的共鳴。

民國八十七年臺北市第二屆市長選舉期間,三位市長候選人的競選主軸,不僅主題鮮明有力,而且內容活潑生動,非常有吸引力,可說各有特色。其中陳水扁先生以「有夢最美,希望相隨」為競選主軸;馬英九先生以「一路走來,始終如一」為競選主軸;王建煊先生以「有愛走遍天下,無愛寸步難行」為競選主軸,三人似乎有互別苗頭的味道,彼此不甘示弱,一時之間,成為佳話,造成一股倣效學習風潮,從此也成為家喻戶曉的座右銘。

比較之下,三位市長候選人的宣傳主題及內涵,可說非常的詩情畫意,讓選民印象十分深刻,至今回顧起來,仍舊使人記憶猶新,久久難以忘懷,因而也成為民眾日常生活的口頭禪。

經過以上的介紹,我們可了解到,政黨、政治團體,或候選人,從事競選活動,對於競選主軸的制訂,不僅主題需

要鮮明扼要，而且內容必須生動活潑，更需要搭配上醒目而耀眼的競選標誌，使兩者能相互輝映，才會產生驚人的號召力，引起民眾的共鳴，爭取認同與支持。

第七篇　提出競選政見　爭取選民認同

個人一旦決定參與選舉，必然有自己特定的理由，遠大的抱負，崇高的理想，於競選活動期間，再將這些理由、抱負、理想，轉化成為參選政見，提供選民了解，爭取認同支持。然而，所提政見必須切合實際，不能憑空捏造，應該符合當前國家政策、民意趨向，地區特性、群眾需要而訂定，否則很難討好選民，發揮其應有的功效。

原則上參選總統、副總統，或國會議員，必須針對國家社會、中央政府，及全國人民需要，而提出自己的政見；參選地方民意代表，或行政首長，必須針對地方政府及人民需要，提出自己的政見，才能爭取選民的認同。

近年來由於國家認同問題混淆，統獨爭議不止，使許多選民觀念模糊，只認政黨、背景、鈔票，贈品、花言巧語、欺騙手法、選舉口號，不問是非，不分好壞，不談理想，不管未來，不看政見，縱然阿貓阿狗，似乎也無所謂，以致無法提昇我們國（議）會，或鄉（鎮、市）民代表會水準，改善議事效率及品質，建立優良的民主制度，全心全意為國家、社會、人群造福。

目前一般選民，比較關心自己社區週遭的問題，例如道路有無平坦，水溝有無暢通，路燈有無明亮，交通有無方便，環境有無清潔，治安有無良好，設施有無完善，其他似乎遙不可及，干卿底事。所以，參選人所提政見，必須腳踏實地，實事求是，絕對不能有「天馬行空，不著邊際」的想法，也不可使用「漫天叫價，就地還錢」的欺騙行為，必須能夠兌

現落實，否則將有失誠信，無法獲得選民的信賴與支持，從此也別想再選了。

時下有部分候選人，基於勝選考量，經常濫開選舉支票，即所謂的「政策買票」，雖然一時討好部分選民，但最後花的還不是納稅人自己的鈔票，不僅拖垮政府財政，且連累到後代子孫，似乎不值得候選人效法。

一位有理想而負責任的候選人，必須提出具體可行的政見，讓選民確實了解，現在與將來，究竟有何不同，有何改革計畫，能帶給民眾什麼樣的期望與願景，即所謂「能端出什麼樣的牛肉」，唯有能提出不一樣的改革構想，大公無私的問政理念，具體可行的施政計畫，才能爭取民心，獲得認同、肯定、支持，這才是贏得勝選的不二法門。

第八篇　製作競選文宣　發揮宣傳效果

競選文宣的種類及式樣，因候選人經濟能力而有所差異，唯一般而言，大概有名片、卡片、書籤、墊板、扇子、折頁、著作、政策白皮書、小冊、農民曆、日曆、月曆、海報、運動帽、背心、隨身包面紙、旗幟、布條、看板、氣球、螢光棒、錄音帶、錄影帶、手指型小電筒、彩色原子筆、驗鈔筆、夾報、車廂廣告、個人網站、媒體廣告等，的確不勝枚舉，但以近年的選舉而言，其中車廂廣告，深受候選人及政黨所喜愛。不過，根據最新規定，凡贈品價值超過三０元者，即屬違法，必須注意。

在競選活動期間，候選人可根據財力狀況，視選民的程度、職業、日常生活習慣，有效的掌握競選宣傳主題，製作精美而又能吸引選民注意力之文宣品，更可發揮事半功倍效果。

文宣品之製作時機，雖然需要提前完成製作規劃準備，但印刷品之製作部分，應該等候選人抽籤決定號次之後，再來進行較妥，因為根據往例，許多候選人為了趕進度，大都提前完成有關文宣品之製作，結果等候選人抽籤之後，再重來過一次，至少需要加印號次，將造成財力、人力與時間之浪費，如果能夠「一氣呵成」，即可避免浪費。

同一選舉區同黨籍候選人，建議不妨採取「聯合競選」策略，也就是聯合設置競選辦事處，聯合印製競選文宣，聯合進行造勢活動，聯合舉辦問政說明會等，當選民一眼看到競選廣告，競選活動，或收到競選文宣，就能很快認識同一

黨籍候選人，使選民能有多一點選擇機會，相信這一票，是絕對跑不了的，使其發揮所謂「肥水不落外人田」作用。

　　文宣品之製作內容，在前單元已經介紹過，必須儘量簡明扼要，不宜冗長，以免影響選民的閱讀興趣，因為現代人，尤其所謂「e世代」選民，或許為了工作、事業、讀書、家庭等，已經夠煩了，沒那麼多時間，閱讀「長篇大論」的政見，所以，能夠讓他看了即可「一目了然」，知道候選人及其所屬政黨，未來究竟能為國家、社會、或選民，做些什麼事？有何抱負及理想，進而做出正確判斷「選賢與能」，唯有這樣的競選文宣，才能有效抓住選民的心，贏得選戰的勝利。

　　候選人印發以文字、圖畫、從事競選之宣傳品，應親自簽名，違者將依法處罰，如果稍加留意，相信能夠避免困擾，減少無謂的麻煩。

第九篇　佈置競選文宣　選擇適當地點

　　候選人競選文宣之佈置，依據現行規定只能懸掛或豎立，絕對不可任意張貼，違者將依法處罰，如果不信邪的話，每貼一張宣傳品，就得準備繳交新台幣四千五百元的罰鍰，地方環保主管單位，會很感激你的貢獻。

　　候選人懸掛或豎立文宣品，如標語、看板、旗幟、布條等，依據規定不得妨礙公共安全或交通秩序，並應於投票後七日內自行清除，違者將依據總統副總統，或公職人員選舉罷免法，暨有關法令規定，加以處罰。

　　候選人及其所屬政黨，競選文宣品之懸掛或豎立，依法應於競選活動期間為之，否則即屬違法。目前最新規定，其中候選人部分，得於競選活動前二個月內為之，政黨部分，如係黨內初選，則以初選前一個月內為之。但根據過去經驗，各直轄市、縣（市）政府，對於佈置時間、地點，均分別訂定有關補充規定，加以規範，候選人及其所屬政黨，必須切實遵守，否則將遭受處罰。

　　文宣品之佈置地區、路段、種類、方式、數量、佈置時間、工具、所需人力、撤除時間、運輸工具等，候選人及其競選團隊，必須預先做好充分準備，以免措手不及。

　　選舉雖屬選務機關所主管，但文宣佈置部分之主管機關，卻為直轄市、縣（市）地方政府，事先需要跟有關機關之主管部門，如工務、警察、交通、環保單位，取得聯繫、並做好協調工作，瞭解相關規定內容，才能使佈置工作得以順利的進行，避免橫生枝節，徒增困擾，影響文宣之佈置。

第十篇　洽借競選場地　提前做好準備

　　競選活動期間，凡選舉區內適宜提供候選人競選活動之場所地點，依法應由選務主辦機關直轄市或縣（市）選舉委員會，於商洽管理機關、管理人或所有權人同意租借後，預為公告週知，當然也會印製成冊，提供候選人參考。

　　借用活動場所地點，必須考慮下列幾個因素，一、何人使用？以候選人名義提出申請，或以他人名義提出申請？二、何時使用？包括使用日期，使用時間等。三、使用何地？包括主要場地及其涵蓋地區範圍。四、預定參與人數？五、需要支援事項？六、其他事項，例如場地租金、設備費用、保證金多少等？均需要候選人預為向場所地點管理機關、管理人或所有權人，辦妥洽借手續，然後再於使用前二日向轄區之警察機關，如直轄市，或縣（市）之警察分局，提出申請，這些工作事前如沒做好準備，將無法如期獲得使用權，嚴重影響集會及活動之進行。

　　根據往例，即第九任總統、副總統選舉期間，如林洋港先生與郝柏村先生這一組，最後一夜之競選造勢活動，因為臺北市全部競選活動場所地點，均由其他各組候選人或所屬政黨「捷足先登」預訂一空，結果只能勉強被安排在新生南路與建國南路之間的信義路上舉行，北市府交通單位不得已，只好決定會同警察單位，臨時採取道路封閉措施，實施管制交通，由於信義路為臺北市之東西線主要（單向）幹道，一旦臨時封閉，不僅造成臺北市區交通大亂，且將引起民眾的責難，進而影響選民的支持態度，實在得不償失。

163

　　此一案例，局外人無法確實瞭解真正的原因及動機，值得候選人「引以為鑑」，不可重蹈覆轍，以免因而失去選民的支持。

　　當然候選人對於競選活動場所地點之預借動作，必須把握「盯得牢、算得準，跑得快」，在進行洽借時，應該做到「嘴巴甜、態度好、禮貌週」，於提出申請時，需要注意「時間準、動作快、資料全」等所謂「三三」原則，相信可以「馬到成功」，萬無一失，爭取有利條件，立於不敗之地。

第十一篇　舉辦問政說明　傳達參選抱負

　　所謂「問政說明會」，實際上就是候選人提前開跑的一種非正式之競選活動。以往的公職人員選舉罷免法規定，非競選活動期間，禁止候選人從事競選活動，因此規範較嚴，縱然候選人之自辦政見發表會，也限於在競選活動期間才能舉辦，否則就是違法。

　　自「集會遊行法」公佈施行後，候選人於選舉期間的競選活動，除公辦政見發表會部分，依公職人員選舉罷免法規定，係由選舉委員會負責主辦之外，其餘的競選活動，如問政說明會等，全部回歸集會遊行法規範，而該法之主管部門為警政機關，故依該法之規定，目前候選人所舉辦的集會及活動（僅指室外部分而言），候選人應該逕向直轄市，或縣（市）警察局所屬各分局，提出申請，而在整個集會或活動過程中，除轄區主管警察分局或上一級的警察機關，將會派遣警察人員，負責會場秩序的維持，必要時也派遣交通警察人員，負責交通指揮與疏導，預防出現突發事件或意外事故之發生，影響候選人之集會及活動。

　　凡經過申請核准之集會或活動，將有許多的好處，一方面經過政府主管機關核准之集會或活動，會場安全及秩序將有所保障，另一方面合法舉辦的集會或活動，可以理直氣壯，的確是一舉數得。

　　由於「公辦候選人政見發表會」，群眾少，效果差，因此，願意參加的候選人也漸近減少，許多候選人乾脆就不參加，自謀出路，另找生機，才有所謂問政說明會的出現，使

候選人能有效的推銷自己，爭取選民的認同。為達成此一目的，候選人必須密切的舉辦問政說明會，讓選民能在最短期間內對自己有所認識及瞭解，進而爭取認同與支持。

問政說明會的舉辦，看起來簡單，做起來不易，因為一場成功的問政說明會，基本上需要付出許多的心力、時間、人力與代價。例如在主觀上應靠候選人的競選團隊之規劃、協調、準備，在客觀上需要場地所有或管理機關，及管理人或所有人的同意，集會或活動主管機關的核准與協助，社會大眾的參與捧場，其中環環相扣，缺一不可，否則將無法舉辦。

至於做法？請看以下介紹。一、所借用的問政說明會場地點，須做最後的聯繫敲定，避免出錯而影響舉辦工作之進行。二、申請案件依規定應於舉辦之二日前提出，須確實掌握時效，避免錯失機會，造成對選民的失信。三、有關舉辦日期、時間、地點，預定參加人數等資訊，須傳送至各媒體，必要時再發布新聞，擴大報導，吸引更多選民的注意及參與。四、適當安排會場工作人員，使問政說明會，能夠得以順利進行，至於需要人數可因場地大小而定，但其中主持人、司儀、音響、燈光、糾察、散發文宣、會場服務人員等，一個都不可少，否則容易發生亂象。五、擴音器與麥克風關係到問政說明會品質的好與否，須捨得投資自購備用或臨時包租，不管採用何種方式取得，須注意其品質及服務態度，才能收到預期效果。六、為了吸引更多群眾的參與，於舉辦問政說明會之前，須使用小型的宣傳車輛，在選舉區內大街小巷進行廣播，籲請群眾準時參加。七、準備候選人名片、

宣傳折頁、海報、小冊、刊物、競選白皮書等，可利用現場
分發給群眾閱讀，以增加宣傳效果。八、問政說明會會場，
宜佈置標語、旗幟、看板、布條，不僅可擴大宣傳效果，也
能增進會場熱鬧氣氛，一舉數得。九、問政說明會會場，須
準備所需桌、椅、講台等用具，以利說明會之進行，另也需
準備部分圓凳等，提供來賓及老弱婦孺使用，倡導敬老、尊
賢、愛幼的風氣。十、問政說明會會場，須準備礦泉水，以
供有需要的群眾飲用，不過候選人部分，避免飲用冰冷飲
料，最好準備溫開水，或有潤喉作用之溫水飲料，以保護喉
嚨，預防因趕場而導致失聲現象。十一、一般公職人員選舉，
大多都在年底舉行，遇到下雨機會較多，如果預算許可，應
準備單價十元一件之隨身包式雨衣，必要時提供會場群眾使
用，充分顯示候選人的確是一個具有細心、用心、關心、真
心、愛心的五心上將，一定能夠贏得群眾的心，一方面可避
免群眾淋雨受寒，再方面也可避免因中途遇雨而流失群眾，
影響問政說明會之進行。十二、成功之問政說明會，參與群
眾必然很多，尤其在寒冬氣候，可能有些人小便特別多，因
此候選人或競選團隊，事前須商請直轄市、縣（市）政府環
保機關支援流動廁所，以免群眾在四處無人的情況下就地解
決，給市容環境帶來污染，最後民眾可能將這些後遺症全部
歸罪於候選人，反爾會產生不良作用，應該儘量注意防範，
避免給人留下話柄。十三、問政說明會舉行時間，在集會遊
行法中雖然並無嚴格之限制，但在競選活動期間，候選人之
競選活動，依據選舉委員會之規定，須在晚間十時前結束，
否則將依法處罰，另外最重要的是擾亂安寧，影響民眾的生

活作息，恐怕會影響選民的支持態度，必須加以警惕，避免引起反感。十四、競選活動期間，候選人勢必需要四處趕場，如甲地至乙地，正常狀況之行車時間，上下班尖峰時段之行車時間，事前需要進行實地勘查，確實掌握候選人的時間，避免讓群眾乾瞪眼，痴痴等，因而引起不滿情緒。十五、建議全體候選人及其競選團隊，都能學習新黨舉辦集會活動所倡導的「新秩序」，不論參加群眾人數多少，進行時間多久，散會之後現場只留下腳印與回憶，絕不留下任何垃圾與髒亂，保證「清潔溜溜」。

為了維護我們共同的居住環境品質，愛惜美好的市容景觀，需要每位候選人於舉辦問政說明會之後，請求與會群眾做到「各人自掃門前雪」，雖然只是舉手之勞，但卻能給群眾帶來美好而難忘的印象，也為我們的社會樹立新的板樣。

以上介紹的這般場景及佈置，所需預算不是一個小數目，因此，在前面的單元中，作者已建議過，同一黨籍之候選人，如果能夠採取聯合競選策略，不僅可以節省開銷，也可以增加問政說明會的熱鬧氣氛。

一次成功的問政說明會，必須要有周詳的計畫，充分的準備，密切的協調，妥善的分工，才能有效付諸執行，最後一定能順利圓滿完成。

當然在選舉期間，我們也不時在街頭巷尾看到候選人，是採取所謂「肥皂箱式」的問政說明會，發表個人政見，表達個人的訴求，如果形象清新，口才好，魅力夠，照樣也可發揮一定的宣傳效果，適時推銷自己，爭取選民的認同與支持，贏得最後的勝利。

第十二篇　製作競選服飾　表現團隊精神

　　為突顯競選團隊陣容，達到宣傳造勢目的，候選人應該克服困難，統一製作一套團隊服飾，提供助選人員穿著，以便在競選團隊上街拜票時，讓選民能夠一目了然，在最短期間內，對候選人有所認識與瞭解，進而爭取認同與支持。

　　根據以往慣例，大多數候選人都會運用部分競選經費，為自己的競選團隊，製作一套鮮明而又能吸引選民的競選服飾。

　　競選團隊的服飾種類及式樣，因候選人之財力狀況而定，其中經濟情況較好者，大概都有一頂帽子，一套運動服加外套，運動鞋一雙，如果經濟情況稍差者，至少也需要設法製作一頂帽子，一件競選背心，供自己的競選團隊成員穿著，避免給人有所謂「雜牌軍」的印象，影響觀瞻。

　　統一製作競選團隊服飾，不僅可以為自己壯大聲勢，加深選民的印象，也能夠加印宣傳主題，發揮宣傳效果，可說一舉數得，花費有價值，這項支出也是不能節省的。

　　候選人本人部分，因選舉委員會並不製發任何識別標誌，所以需要自費製作鮮明醒目的標誌，讓選民容易識別，而標誌文字內容應包括候選人號次、選舉區別、姓名，其顏色必須與同一黨籍其他候選人相同，習慣上也與各政黨慣用色系為主，否則容易給選民造成視覺上的混淆，誤認候選人之政黨歸屬問題，影響支持意願，因此絲毫不能大意，以免出錯，而給自己帶來負面的影響。

第十三篇　運用宣傳車輛　擴大宣傳效果

　　依據公職人員選舉罷免法規定，政黨及候選人在競選活動期間，得使用宣傳車輛及擴音器。使用宣傳車輛數量，其中政黨部分，每一直轄市、縣（市），不得超過十輛，以村（里）為選舉區之補選者，每一村（里），不得超過一輛。候選人部分，每一候選人不得超過二十輛，但以直轄市、縣（市）為選舉區者，每一候選人不得超過十輛，以鄉（鎮、市）為選舉區者，每一候選人不得超過三輛，以村（里）為選舉區者，每一候選人不得超過一輛。

　　宣傳車輛之設置規定，於新修正之公職人員選舉罷免法，將刪除相關條文。其構想雖然符合主權在民的精神，但容易導致泛濫，不僅造成不公平原則，也將為我們的社會帶來噪音與空氣等環境污染問題，值得政府有關業務主管部門，提早做好規範準備，更需要全體候選人自我約束、注意節制，否則可能會因而引起選民的反感，將適得其反。

　　宣傳車輛之拜票活動方式，大概不外有三種型態：一、由候選人親自隨車拜票。二、由助選員或播音員隨車廣播拜票。三、由駕駛自行操作播音器材廣播拜票。候選人可以根據自己的經濟情況，斟酌辦理，但不論何種方式，都能發揮一定的宣傳效果，值得投資。

　　宣傳車輛之停放問題，以臺北市而言，在候選人完成登記申請之後，市政府交通主管部門，將會主動為候選人規劃宣傳車輛停放地點，位置通常在候選人競選辦事處前之路邊，候選人之競選團隊，可以主動協調市政府交通主管部門

配合辦理，在一位難求的臺北市而言，市政府對候選人的這項服務措施，稱得上是一種德政，有需要者可善加利用。

我們的社會，由於許多地區，或者部分的老舊社區，街道巷弄非常的狹窄，而且兩側大多幾乎停滿車輛，進出很不方便，因此宣傳車輛之租用，除候選人所使用者外，其餘車輛車身不宜過大，既能便利行駛大街小巷，進行巡迴廣播，節省費用開銷，又可以避免有遺珠之憾，留下宣傳死角，影響宣傳效果。

宣傳車輛數量，縱然經費寬裕，也不宜過多，避免因而製造噪音與環境污染，引起眾帶來反感，將是適得其反，必須加以考量。

第十四篇　舉辦募款活動　籌財源拉選票

　　一個人決定參與選舉時，在未知勝選與否的情況下，首先須有花錢的心理準備，如萬一不幸敗選，可能會對候選人及其競選團隊，甚至於家庭，造成經濟上的負擔。因僅就正當的用途及支出，加起來已經不是一筆小數目。如沒經濟基礎，光靠自己單打獨鬥，將難以應付選舉過程中的各項支出，需仰賴社會大眾的幫忙與協助，才能成就事業。

　　候選人競選經費的來源，一般就正常情況下而言，不外呼有三種途徑。一、自行籌措。二、獲得所屬政黨之補助。三、依靠營利事業及個人之捐款。以解決其競選經費不足的問題，使競選工作得以順利進行。

　　營利事業及個人之捐款方式，又區分為五種：第一種、由支持者直接將捐款送到候選人之競選辦事處。第二種、由候選人設立競選經費劃撥帳戶，接受支持者透過劃撥手續捐款。第三種、藉集會或活動機會，由後援會設置募款箱，請支持者認捐。第四種、由後援會舉辦義賣活動，請支持者贊助。第五種、由後援會舉辦募款餐會，請支持者踴躍參與。

　　候選人及其競選辦事處，對於上述各類捐款，須指定專人負責記帳及管理，以免發生弊端。另對支持者所捐助款項，須開立受贈收據，送交或寄交捐款之營利事業或個人，一則表示公開徵信，再則捐款之營利事業或個人，可憑受贈收據作為當年度申報所得稅之費用，或損失及列舉扣除額之依據。

第十五篇　推薦監察人員　參與投票作業

　　不論何種公職人員選舉，都須設置投票所，而設置投票所，又需要有工作人員，來完成投票及開票工作。投開票所工作人員，包括管理人員、監察人員、警衛人員等三類，而這三類工作人員，原則上是由選務主辦機關選舉委員會，負責遴派，但其中監察人員部分，則係由推薦候選人之政黨或未受政黨推薦之候選人，共同推薦。其主要任務，在以中立、客觀、超然態度，監察投票及開票工作，讓投票及開票工作能做到公平、公正、公開，使選舉過程全部透明化。

　　投票所監察人員設置人數，依據選舉罷免法規定，應有主任監察員一人，監察員一至五人，但為避免造成無謂的浪費，除三合一選舉（也就指三種選舉合併舉行而言）之外，一般而言，通常僅有主任監察員一人，監察員二人，所需人員，由推薦候選人之政黨，或未受政黨推薦之候選人，所共同推薦之監察人員中分別派充，但所推薦人數如超過需求人數時，依規定由選務主辦機關選舉委員會，以抽籤方式決定取捨問題，同時也規定監察員不得全屬同一政黨，不過原則上，要讓每一投票所，均有政黨或候選人推薦之監察人員，監督投票及開票工作之進行，避免發生弊端，影響選舉的公平性。

　　政黨或候選人，除應依法共同推薦投開票所監察人員之外，更應該完全相信投票所作業之公正性，切勿存有懷疑的態度。至於政黨或候選人推薦投票所監察員作業程序，依據選務主辦機關選舉委員會規定，在候選人登記截止之後三日

內，將通知送達各政黨或候選人，政黨或候選人應於接到通知之日起四日內，將推薦監察員名冊及推薦表，並附送每一監察員之個人國民身分證正反面影本各一份，送回指定處所，逾期不予受理，如採郵寄者以郵戳為憑。各推薦候選人之政黨或未受政黨推薦之候選人，必須確實掌握時限，以免影響選務主辦機關選舉委員會之作業進度，甚至恐因此喪失政黨或候選人，應該享有的權益。

第十六篇　舉辦造勢活動　拉抬選戰聲勢

　　早期因國家處於非常時期，臺澎金馬自由地區，雖定期舉辦部分公職人員選舉，但當時仍舊維持戒嚴狀態，其候選人的競選活動僅限於政見發表會，而政見發表會又區分為公辦及自辦兩種，其餘競選活動一概不允許。如今因解除戒嚴，開放黨禁及報禁，一切都改變了，例如選舉期間候選人的各項競選活動，在不違反公職人員選舉罷免法及集會遊行法規定的情況下，各項競選活動，選務主管機關不會加以禁止，由此也證明了，我們的社會是非常自由開放的，大家應該給與肯定。

　　在選舉期間，候選人的競選活動方式，簡直猶如「八仙過海，各顯神通」，當然其中較重要者，莫過於「造勢活動」一項，最能引起選民的注意力，與媒體關注的焦點，大家幾乎運用盡所有的資源，爭相舉辦，目的在藉機拉抬個人聲勢，贏得選民的認同與支持。

　　候選人的造勢活動，區分為大型、中型、小型等三種，能否舉辦成功，達到預期目標，需要靠下列幾個要素：其一、必須尋找適當場所地點舉辦，例如須有寬敞的空間，廣闊的視野，足夠的照明。其二、須有熱情民眾的參與，因為不論任何一種型態的造勢活動，如果沒有熱情民眾的參與，一切都等於空談。那麼究竟如何鼓勵民眾的參與呢？實際上不外乎透過宣傳方式，計有透過平面媒體如報紙，或透過電子媒體如廣播、電視、網路等廣告，事先預告地區民眾知道，引起參與興趣，造成熱鬧氣氛，達到宣傳造勢效果。其三、必

須邀請有魅力及影響力的政治人物前來捧場，才能吸引更多民眾熱忱參與。目前各政黨之中較有魅力的政治人物，其中以中國國民黨而言，如主席連戰、吳伯雄等四位副主席、秘書長及其他政治明星，比較有影響力，可以帶動人氣，發揮號召作用。以民主進步黨而言，則非陳水扁先生莫屬，其餘的政治人物，至今很難看出有誰比他更具有魅力或影響力？以新黨而言，計有王建煊、趙少康、郁慕明先生等大老及政治人物，比較有一定的魅力及影響力，可以帶來人氣，製造熱鬧氣氛。以親民黨而言，以黨主席宋楚瑜及其副主席張昭雄先生二人，確實有一定的魅力及影響力，可帶來旺盛人氣。以臺灣團結聯盟而言，仍以李登輝先生為唯一龍頭，具有一定的魅力及影響力，也可帶動人氣。以無黨籍人士而言，目前則以李敖先生、施明德先生、許信良先生、陳文茜小姐等人，比較具有魅力及影響力，也可帶來旺盛人氣。其四、必須選擇適當的時間舉辦，因目前各項公職人員選舉，除縣（市）議員、鄉（鎮、市）民代表、鄉（鎮、市）長、村（里）長等選舉外，其餘公職人員選舉，均在每年年底舉行，在這期間由於天氣比較寒冷，多少將會影響民眾的參與意願，如果不巧又遇到天雨，那麼參與人數恐怕更會大打折扣，另若在非例假日內舉辦，勢將影響上班族的參與意願，所以在時間的選擇上，必須慎重考慮，好讓更多民眾有參與機會，藉機拉抬聲勢，括大宣傳效果，爭取選民的支持。其五、必須租用優良品牌的擴音設備，以便讓民眾清楚明瞭候選人的抱負及願景，爭取認同與支持。其六、必須裝設足夠的照明設備，避免讓現場民眾有摸黑與會之感，影響參與興趣。

　　經過以上介紹，我們可以瞭解造勢活動對於候選人的重要性，千萬不可忽視，候選人須得多花點心思，多費點精力，多用點預算，才能辦好造勢活動，尤其以直轄市、縣（市）二類選舉而言，至少應於每一鄉（鎮、市、區），分別舉辦一場次造勢活動，才能獲得選民的熱烈迴響，發揮拉抬作用與效果。

第十七篇　舉辦拜票活動　全面拓展票源

在公職人員競選活動期間，候選人所進行的宣傳方式，種類甚多，大概不外有名片、傳單、折頁、問政白皮書、標語、海報、看板、旗幟、布條、問政說明會、公辦政見發表會、宣傳車巡迴廣播、公費印製選舉公報、候選人拜票活動等，不計其數，不勝枚舉。不過就功效而言，其中候選人親自拜票活動一項，最能夠打動人心，深受選民的肯定。

候選人之拜票活動方式，計有下列幾種：一、利用早晚上下班時間，站在交通要道口，或橋頭，或車站，或機場出入口，對來往群眾，展開拜票活動，尤其遇到雨天或嚴寒氣候，雖然做起來相當的辛苦，但是比較容易打動人心，獲得同情與支持。二、利用菜市場營業時機，逐攤進行拜票，見人就握手，逢人就拜託，懇求支持。三、利用夜市營業時間，逐攤進行拜票活動，照樣的見人就拜託，逢人就拉票，懇求支持。四、利用百貨公司或大賣場營業時機，在出入口處，向前往購物民眾進行拉票，懇求支持。五、利用機動宣傳車輛，沿街巡迴拉票，懇求支持。六、以徒步方式，進行挨家挨戶掃街拜票，懇求支持。七、利用婚宴喜慶機會，借機向當事人或來賓進行拜票，懇求支持。八、利用迎神或廟會祭典機會，向信眾進行拉票，懇求支持。以上所列舉的各種拜票活動，不論使用何種方式，其首要前提，就是需要候選人放下身段，走入基層，尤其所穿的服裝必須大眾化，千萬不要著西裝，結領帶，穿皮鞋，避免給群眾有格格不入的感覺，使用口語也應該儘可能草根化，如「頭家」或「頭家娘」或「歐巴桑」，避免咬文嚼字，讓人有高不可攀的樣子。

　　在拜票過程中，一旦見到商家或攤販，只要一句句「歐巴桑！」、「生意好波？」、「拜託！拜託！」等，這些簡單的問候，即可充分表現你對選民的關心和慰問，就能給人有一種親切感，尤其不管攤販朋友們血淋淋或髒兮兮的手，毫不考慮的將他緊握起來，並對他來幾句「噓寒問暖」的話，讓他感受到你的真誠與熱情，如此一來，想要他不支持你，恐怕也很難。

第十八篇　公辦政見發表　增加曝光機率

　　記得在動員戡亂時期，由於國家處於非常狀態，各種公職人員選舉，其競選活動方式，僅有「公辦政見發表會」及「自辦政見發表會」二種，不管以何種方式舉辦，都是轟動一時，到場觀眾幾乎場場爆滿，場面十分熱鬧。但曾幾何時，這兩項競選活動，如今已經面臨被淘汰命運。

　　自集會遊行法公佈施行之後，候選人所舉辦之各項室外競選活動，均回歸集會遊行法之規範，實質上已經導致沒有「自辦政見發表會」的存在。

　　「公辦政見發表會」之舉辦，因屬公辦性質，至今繼續維持現狀，其原因是這項選舉活動，為我國三項公費選舉項目之一，政府不便輕言廢止。另兩項如「印發選舉公報」及「補貼競選經費」等，均由政府編列預算支付。選務主管機關中央選舉委員會，每次選舉為此支付預算，可是一筆很大的數字，候選人應把握機會，有效利用此項德政，踴躍參加選務機關所舉辦的公辦政見發表會，藉機推銷自己，讓選民對自己有更多的認識與瞭解，爭取認同與支持。

　　根據以往經驗，傳統式公辦政見發表會，由於群眾及候選人均普遍缺乏參與興趣，於是在臺北市曾經有一場公辦政見發表會，選務主辦機關選舉委員會，共計動員三十位工作人員，六十位警察人員，參與盛會，但整個公辦政見發表會，僅有三位候選人到場發表政見，七位觀眾到場聽講，算一算支付成本，實在不符濟效益，最後幾乎面臨停辦命運。

　　選務主管機關中央選舉委員會，有鑑於此，經召集各級

選舉委員會主管參與研商對策，最後根據研商結論「從善如流」，將公辦政見發表會改以現場錄影，再透過有線電視頻道播出，再度獲得部分選民的肯定，總算讓這個制度得以保留下來，不致遭到被淘汰命運。

此項公辦政見播出時段，係以抽籤方式決定，候選人無自由選擇權利，因此，這種免費宣傳方式，仍可發揮一定的宣傳功效，值得加以利用，候選人宜把握此一難得機會，發表個人參選政見，爭取選民支持。

候選人所舉辦的問政說明會，或政見發表會，必須掌握下列幾個原則。一、事前應有充分的準備。二、妥善把握有限的時間。三、舉證要有具體的數據。四、競爭之中也不失禮節。五、反對語氣應該儘量委婉。六、注意保持良好風度。七、立場必須堅定。八、需要重視個人儀態。九、語氣必須從容不迫。十、表達必須清楚而明確。十一、目光必須轉移到各個角落。十二、邏輯思維結構必須順暢。十三、必須遵守主辦單位的規定事項。十四、所提出的政見不宜好高騖遠。十五、儘量避免亂開空頭支票。十六、言行必須表裡一致，避免陽奉陰違。

當然，以上是作者個人多年來一點工作心得及經驗的累積，所提出都是一些原則性的建議，期望對候選人自我推銷工作，能夠有所助益。

第十九篇　維持競選活力　需要懂得訣竅

　　不論何種公職人員選舉，其競選活動期間，過程非常的艱辛，候選人首先要有健康身體，充沛活力，才能產生高昂鬥志，應付艱苦而激烈的選戰活動。因此，整個競選活動，也可說是一場體力與耐力的考驗，如果沒有強健的身體，恐將難以勝任。

　　在競選活動期間，候選人究竟需要注意些什麼呢？基本上不外乎有下列幾項。一、應該隨時注意健身運動，讓個人的體能保持最佳狀態，好應付艱苦而激烈的競選活動。二、在艱苦而激烈的競選活動中，宜穿著輕便服裝，尤其最好穿慢跑鞋，可減輕腳部負擔，預防疲勞，保持衝勁。三、候選人應隨時注意補充水分，而且宜喝溫水，切忌飲用冷水或冰水，避免傷害喉嚨，影響發聲，必要時宜找中醫師開處方，保護喉嚨正常發聲。四、候選人進行講演或發表政見，應儘可能使用丹田發聲，避免使用吼嚨，預防失聲。五、候選人應該適時把握機會，補足睡眠（宜儘量利用機會補充睡眠，如行車途中休息片刻等機會，均應充分把握，適時善加利用），培養足夠體力，應付激烈選戰。六、在競選活動期間，必然耗費很大體力，候選人應該注意補充營養，維持正常體力。七、候選人必須每天沖熱水澡，以增進血液循環。八、如時間及經濟能力許可，候選人偶爾也可做些全身按摩，藉機消除疲勞，舒緩緊張情緒。

　　總之，競選活動是一項艱苦的挑戰，也是一項激烈的競賽，在選戰進行期間，需要消耗大量體力與耐力，因此候選人須格外重視個人的保健工作，隨時注意健身運動，培養充沛的體力，維持正常的體能，才能有足夠的活力，進而產生高昂鬥志，應付艱苦而激烈的選戰，爭取最後的勝利。

第二十篇　分送競選文宣　必需運用技巧

　　政黨、政團或候選人之競選活動，其中最重要的是能在投票之前，將競選文宣即時送達選舉人手中，使它能發揮宣傳作用，爭取認同與支持，達到勝選目的。

　　政黨、政團或候選人，競選文宣送達方式，計有郵寄送達、夾報送達、專人送達等三種。首先就夾報送達方式，雖是一種新的送達模式，近年來公職人員選舉中，已廣泛為政黨、政團或候選人，普遍使用，深受好評，值得加以利用。但此種送達方式，仍有其缺點存在，主要由於現在科技進步結果，帶動傳播資訊發達與普及，致家戶訂報率日漸減少，如僅採用此種送達方式，勢必無法達到普遍要求，造成滄海遺珠之憾，不得不加注意。其次郵寄送達方式，具體作法，由候選人透過各種管道，充分利用各種資訊，廣泛蒐集名錄、名冊、通訊錄、同學錄、同鄉錄、電話簿，或選舉區內住戶資訊，便於寄送選舉文宣。最後就專人送達方式，此種送達方式，又有二種作法，其一、顧請工讀生負責送達，其二、委託義工代為送達。不過，以上三種送達方式，仍以第三種較為理想。此種送達方式具體作法，基本上應以村（里）為單位，每村（里）編成一個小組，每小組以二人組成，在村（里）之內，沿路逐街、逐巷、挨家、挨戶分送，也就是在同一條巷弄之內，二人同步進行分送作業，其中一人靠左，一人靠右，靠左邊的人負責分送單號門牌，靠右邊的人負責分送雙號門牌，兩人以分工合作方式，作地壇式送達，保證讓其滴水不漏，萬無一失。以上三種送達方式，各有其

利弊，但仍以第三種送達方式，較為理想，能有效落實文宣送達，使其發揮綿密效果，值得廣泛採用。

當然作者得舊話重提，建議同一黨籍的候選人，能拋棄個人見，採取「聯合競選策略」，也唯有採取聯合競選策略，才能集中所有資源，使競選文宣能發揮最大的宣傳效果，讓競選文宣的送達作業，也可化繁為簡，節約資源，減少不必要的浪費。

同一黨籍的候選人，如果仍舊我行我素，好大喜功，堅持己見，各自為政，各行其道，不僅力量分散，無法發揮應有的宣傳效果，且將無謂的浪費許多人力、時間與經費，實在不符經濟效益，值得商榷。

第二十一篇　跟隨音樂起舞　必然中計摔倒

　　曾經有過參選經驗的候選人，大概都記憶深刻，那就是在競選活動期間，當選戰進入白熱化階段，甚至到了決定性時刻，總會有少數政黨、政治團體，或候選人，不肯在公共政策方面多下工夫，提出具體的施政計畫或建設藍圖，而是將其訴求重點，全都集中在口水戰、陰謀戰、心理戰，主要目的在抹黑對手，醜化對手，中傷對手，擾亂對手，打擊對手，達到「不戰而屈人之兵」目的，因此，若沒必要，不可跟隨他人音樂起舞，避免中計摔倒，而吃虧上當。

　　此種策略的運用，大概不外有兩種方式，其中一種由候選人親自操刀，以迅雷不及掩耳之勢，向對手展開一波接一波的攻勢，使被攻擊者一時措手不及，處在窮於應付，甚至疲於奔命的局面，達到抹黑、中傷、打擊、擾亂的目的。另外一種是借刀殺人之計，也就是透過政黨、政治團體或黨工，或者同黨其他候選人，或者毫無關係的第三者，暗中協助所屬政黨、政團之特定候選人，爭取有利機會，拉抬選舉聲勢，藉機打擊對方士氣，削弱對方實力，達到混淆視聽目的。其具體作法，掌握主動的一方，不論政黨、政團或候選人，首須儘一切可能，蒐集打擊對手的祖宗八代背景資料，及以往所犯過錯等，經過彙整、分析、研判，找出其中有瑕疵，有問題，有使用價值者，然後以召開記者招待會，或透過發新聞稿，或印發文宣，或利用每日一問等方式，及時公開、發布、散播，或質問爆炸性消息，製造敵對陣營的混亂，達到打擊、醜化、抹黑、擾亂目的，使自己立於不敗之地。

　　以上各種方式，若以效果而言，其中莫過於「每日一問」這一招，最具有殺傷力，他能逼使對方隨著自己的音樂起舞，讓其陷入混亂局面，最後漸進喪失鬥志，無心奮戰，走上失敗命運。

　　由於此種策略十分狠毒，非不得已應避免使用，尤其使用前提，必須講求證據，就事論事，有幾分證據，說幾分話，不能隨便捏造事實，無中生有。否則，不僅將害人害己，恐怕也會造成兩敗俱傷局面，吃上挨告官司，給自己帶來後患，甚至面臨當選無效的後果，必須格外小心，千萬不可無的放矢，以免抓雞不著蝕把米。

　　一個有經驗，有智慧的政黨、政團或候選人，不僅要提防對手的攻擊行動，更要提出有效應變之道，尤其應該牢記，一旦遭受對方的攻擊行動，不可輕易隨著敵人的音樂起舞，避免掉入對方所設下的陷阱，讓對方的陰謀詭計得逞，帶給自己無謂的困擾。

　　政黨、政團或候選人，在遭受對手攻擊時，如認為有回應必要，首先應提出有力證據，立即鎖定對象，然後做好攻擊準備，瞄準目標，狠下心來，給他致命一擊，唯有採用乾淨俐落手法，讓對手一槍斃命，才不會讓他有喘息或反擊機會。因此，有志想作個稱職的民意代表，就得有心理準備，不怕任何考驗，不懼對手抹黑，否則，就不要選擇從政之路。

　　政黨、政團或候選人，基於預防對手採取攻勢行動，有必要盡其所能，蒐集對手背景資料，如以往所犯過失，或留下不良紀錄等，事先找出有力證據，一旦有回應需要，即可善加利用，並以出奇不意，攻其不備方式，向對手展開猛烈

攻擊行動，達到致勝目的。

　　個人雖不鼓勵政黨、政團或候選人，採用任何不正當手段，從事抹黑、中傷、醜化對手等作為，但至少在有反擊需要時，可及時提供所需資訊，儘速反擊對手，達到擾亂對方陣營，削弱對方實力目的，爭取有利情勢，營造致勝因素。

第二十二篇　隨時注意防毒　避免意外中傷

　　在競選活動期間，尤其愈到最後決定勝負階段，各種宣傳花招，將會紛紛出籠，於是偶有少數政黨、政團或候選人，總會不擇手段，想盡各種方法，趁機瓦解對手，達到勝選目的。至於伎倆方面，不外採用抹黑、醜化、擾亂、打擊等手段，如透過報紙廣告、電視評論、電台廣播、網路消息、散發黑函、開記者會、造勢活動、耳語傳播、宣傳看板、散發文宣、每日一問等，方法層出不窮，內容聳動驚奇，作法陰狠毒辣，時機拿捏準確，常以出其不意，攻其不備態勢，迅速向對手展開攻擊行動，爭取有利情勢，立於不敗之地。政黨、政團或候選人，必須隨時注意防毒，避免意外中傷。

　　在每個人的一生中，難免有過一些不為人知的小故事，或曾發生過一些小插曲，或曾犯下一些小過錯，這些雞毛蒜皮小事，就整個大環境而言，實在微不足道，平日有誰會去關心過問，每個人忙於自己的事業，有時連「各人自掃門前雪」時間都沒，那還有閒情逸致「休管他人瓦上霜」，但一到選舉期間，情況完全改觀，總會有些無聊之徒，根本無法提出自己的理想或願景，也無具體的公共政策，只有幹些無聊的勾當，美其名揭黑幕，抓弊案，其實專幹些抹黑、中傷、打擊、擾亂他黨或他人勾當，達到佔便宜，檢現成目的。舉凡民調領先之政黨、政團或候選人，容易成為攻擊對象或箭靶，必須注意防範，以免吃虧上當。

　　有抱負，有理想的政黨、政團或候選人，尤其青年才俊之士，在參選之前，就須有心防準備，做好心理建設，避免

一旦中傷，而措手不及，讓對手的陰謀詭計輕易得逞。在競選過程中，一旦發現異常情況，或發現可疑徵候，必須保持冷靜，切忌驚慌失措，避免自亂陣腳，讓對手有機可趁。必要時更應斷然採取還擊措施，給對手當頭棒喝，以免選影響競選團隊士氣，引發選民過度聯想，造成不利因素，讓自己陷入困境，造成無謂傷害。

第二十三篇　民調數據弔詭　小心吃虧上當

　　在臺灣因受通信科技迅速發展之賜，不僅造就許多通信科技人才，也帶動國家社會通信網路的突飛猛進，由於產商大量生產結果，除供應價廉物美產品外，且裝設手續簡單迅速，民眾裝置電話意願提高，需求數量日益爆增，使得家戶電話十分普及，可比美歐美國家生活水準。

　　這一股科技趨勢的紛紛出現，使得各類民意調查機構，猶如雨後春筍，性質有專業的，也有業餘的。前者如民意調查公司，後者如政府機關，公私立學校，政治團體，學術機構，公眾媒體等，其數量之多，實不勝枚舉。

　　由於民意調查機構的相繼誕生，不論國家領導人、政府官員、政黨或政團、政治人物、公眾人物、候選人等，將成為調查對象，受到民意檢視，公布結果影響深遠，使許多團體個人，為民意調查指數所害，的確苦不堪言，主要因為少數民意調查機構，原本已有政黨屬性，不論問題的設計，抽查對象的設定，調查時機的拿捏等，不能維持中立、客觀、超然態度，結果往往無法令人心服口服，甚至數據十分弔詭，小心吃虧上當。

　　根據過去例子，由於某些民意調查機構，所提出民意調查結果，由於先天不夠公正、客觀，甚至有人幕後操縱，導致該勝選的政黨，最後卻輸了，該當選的候選人，結果卻落選了，顯示民意調查果與事實尚有若干差距，不能完全採信，否則將會輸得很慘。

　　就近例而言，如第五屆立法委員選舉期間，其中國民

黨、新黨，及部分無黨籍候選人，各種民意調查結果顯示，不論知名度或支持度，均遙遙領先其他政黨或候選人，但經選舉投票結果，最後卻紛紛落選。而這些落選者，不論學識能力，問政績效，個人表現等，都是一時之選，大家有目共睹，深受國人肯定，最後卻被選民拋棄，下場十分淒慘，證明民意調查結果，非常弔詭，政黨、政團或候選人，都得小心應對，避免吃虧上當。

經過以上敘述，我們也瞭解到，民意調查數據之公布，也有其必要與作用，並非一無是處，只是不可完全信以為真，若要想爭取選戰勝利，非得格外用心經營，尤需按照既定步驟，努力耕耘灌溉，營造優勢條件，才是唯一上策，不可抱持僥倖心理，以免吃虧上當。

第二十四篇　善用心理作戰　製造有利情勢

　　在競選活動正式展開，選戰進入最後決定性階段，其間短暫，時間有限，政黨、政團或候選人，更要挖空腦子，想盡辦法，運用智慧，集中力量，善用心理作戰方式與技巧，製造有利情勢與條件，一舉擊敗競爭對手，爭取最後機會，讓自己立於不敗之地。

　　在激烈競爭階段期間，每一政黨、政團或候選人，須注意把握下列兩項基本原則：以消極方面而言：所謂「害人之心不可有，防人之心不可無」，不論政黨、政治團體，或候選人，應隨時提高警覺，注意防範對手，使出各種心戰花招，展開攻擊行動，製造不利於我方情勢，避免影響選民支持態度。以積極方面而言：不論政黨、政團或候選人，應巧妙運用各種心理作戰，透過電視節目、電台廣播，或報紙廣告，或從事印發文宣、張貼海報、懸掛標語、豎立看板，或舉行記者會等方式，宣示參選到底決心與信念，適時運用告急、搶救、拉抬、牽成等手段，強化宣傳攻勢，達到造勢目的，爭取選民同情與支持。

　　根據往例，在選戰正式進入最後決定勝負階段，各種民意調查數據將紛紛出籠，其中會有少數政黨、政治團體，或候選人，排名次序已落到當選名單之外，幾乎未選先敗，但開票結果，卻常常出人意料之外，證明民意調查資訊與事實，雖有若干差距，但也不可視若無睹，不把它當回事，否則最後怎麼輸了，恐怕都不知道？

　　政黨、政團或候選人，遇到類似情況，或發現有任何異

狀，應該沈著冷靜，抱持處變不驚態度，專心思考因應對策，不可驚惶失措，進而必須妥善運用各種心戰花招與技巧，改變不利形勢，爭取優勢地位，贏得最後勝利。

第二十五篇　使用電話拉票　感性爭取選民

競選活動期間，候選人或競選團隊，甚至所屬政黨或政團，如能透過電話方式，向選民進行拉票活動，對於爭取選民認同與支持，將有很大助益，必能產生決定性的影響作用，發揮極大的宣傳效果。不論政黨、政團或候選人，如能運用現代科技結晶，進行電話拉票，是一項最佳的競選策略，值得加以利用。

使用電話拉票，對少數政黨、政團或候選人而言，尤其初次參與選舉的新鮮人，可能是一項艱鉅任務，一個頭兩個大，先就資料的取得與建立，實在不是一件容易的事，得花點功夫才能達到目標要求。

究竟如何進行這項艱鉅工作呢？其實也很簡單，並非那麼困難。而具體作法，首先需要運用各種資訊，如通訊錄、同學錄、名錄、名冊、同鄉錄、電話簿等相關資訊，利用適當時機，由人工逐一撥電話，如經濟能力允許，可製作電話語音，於選舉投票前夕，懇請選民惠賜支持，為所屬政黨、政團或候選人，製造有利條件，奠定勝利基礎。

有關資訊的蒐集或建立，需要若干時間，不是一朝一夕可以辦到，如有參選計畫，平日要作功課，交作業，也就是有計畫，有步驟的，有準備，隨時注意蒐集相關資訊，建立完善參考資訊，以備不時之需，否則，就有所謂「平日不燒香，臨時抱佛腳」問題發生，終將無法成就大事。

人世間任何事物，都要經過一番努力耕耘，才能有所收成，絕無不勞而獲。所以，不論我們經營何種行業，從事何

種工作，或進行何種投資，事先必然需要有完整的分析評估，然後根據分析評估結果，訂定週詳計畫，做好充分準備，並且努力耕耘，積極灌溉，才能有所成就，達成既定目標，實現理想。

第二十六篇　建立報票系統　掌握得票狀況

　　選務主管或主辦機關選舉委員會，於公職人員選舉投票結束之後，其開票及記票作業程序，首先須由投開票所完成開票計票工作，然後再將投開票報告表送回鄉（鎮、市、區）公所，由專人負責審查各投開票所送回的投開票報告表，經過查核無誤，再輸入終端機傳送至選務主管或主辦機關選舉委員會電腦主機，經過相互確認之後，該投開票所之投票、開票、計票工作，才能宣告完成。

　　選務機關辦理投票、開票、計票作業，程序非常嚴謹，作業過程相當費時，以致引起一般社會大眾批評、指責、與埋怨，總認為選務主管或主辦機關選舉委員會，開票計票作業過程，太過於緩慢，甚至有人因而懷疑是否又在作票，其實是因為不瞭解其中作業過程所致。

　　政黨、政團或候選人，為了能夠即時獲得選舉開票結果，因此紛紛建立所謂「報票系統」，其具體作法，是由政黨、政團或候選人，在每一投開票所，均有一位報票人員，除投開票所原有政黨、政團或候選人，所推薦之監察員外，其餘投開票所，也都指派專人負責報票任務，如經濟能力不允許時，也可招募義工協助，擔負報票任務。當報票員分別將各投開票所開票情形，及候選人得票數回報之後，即可瞭解選舉結果，因此，開票計票速度，當然比選務主管或主辦機關選舉委員會稍快，於是往往會有許多競選辦事處，在選務機關正式開票計票結果尚未出來之前，就有政黨或候選人，提早燃放鞭炮，慶祝自己的當選，就是這個緣故，瞭解

原因之後，其實一點也不奇怪。

　　政黨、政團或候選人，對未推薦監察員之投開票所，應透過支持者或義工協助，適時進行報票工作，讓自己能夠儘快獲得所需選舉資訊，迅速瞭解選舉結果。

　　另競選辦事處，也須做好各項準備工作，密切配合報票作業之進行，例如報票專線電話機的裝設、受話人員責任的分工、報票統計一覽表的製作等，都要預先做好規劃準備，才能建立完整報票系統，使報票工作得以順利進行。

第二十七篇　做好計票準備　避免臨時錯亂

投票日依據選舉罷免法規定「政黨及任何人不得於投票日從事競選或助選活動」，否則就是違法，輕者將依法受到處罰，重者可能當選無效。因此，政黨、政團或候選人，千萬不可抱持投機取巧心理，以免得不償失。

選舉投票日，照理該是政黨政團或候選人，自競選活動開始以來，顯得最為輕鬆的一天，除上午須利用適當時間，前往投票所投下自己神聖的一票外，應把握機會撰寫當選或者落選感言，下午須全程坐鎮競選辦事處，為工作夥伴們加油打氣，慰問大家數月來之忙碌與辛勞。

競選辦事處在投開票日，必須做好開票、計票準備工作，例如人員之編組、責任之分工、機具之準備、開票結果統計一覽表之製作、慶祝當選之準備、夜間餐飲之準備、媒體記者之接待、新聞稿之準備等，都應該逐項提早做好準備工作，避免臨時發生錯亂情事，除給競選團隊造成困擾外，也會讓外界留下不良印象。

第三步驟　選舉後──戰果清查階段

　　所謂「選舉後」，也就是清查戰果階段，係指競選活動結束，投票、開票、計票工作完成，選舉結果產生之後而言。一般人總認為，選舉投票過後，應該沒煞事了，選舉工作到此也該告一段落。事實上則不然，因為選舉投票過後，競選活動雖已告一段落，但仍有許多鎖碎事務，正待繼續進行，因此，工作還沒正式結束。

　　選舉投票之後，不論當選或落選，基本上政黨、政團或候選人，還有許多後續工作要做，尤其對於選舉人的熱情投票支持，競選團隊暨工作夥伴數月的貢獻與辛勞，媒體與記者的協助報導，社會各界的贊助與鼓勵，均需逐一表達感謝之意，表現出政黨、政團或候選人，不僅有始有終，而且有情有義，並非忘恩負義，過河拆橋之輩。

　　不論當選與否，都得做好善後工作，給外界留下美好印象。所以有些活動項目，如謝票或感恩活動等，是不能省略的，否則將使政黨、政團或候選人，在參選過程中，無法劃下完美句點。至於需要做些什麼樣的活動呢？請看以下的介紹。

第一篇　舉辦謝票活動　為其連任鋪路

選舉投票過後，當選者及其所屬政黨或政團，基於未來繼續要走更長遠的路，需要舉辦一連串的謝票，或感恩活動，為往後的前途鋪路。至於落選之政黨、政團或候選人，除非參選就此一次，今後不想再玩了，從此退出江湖，告別政壇，否則，仍需進行謝票或感恩活動，讓人留下美好印象，給自己劃下完美句點。

不論政黨、政團或候選人，凡在競選活動期間所到之處，都須舊地重遊，再次前往謝票，感謝選舉人的力挺與支持，爭取未來繼續給予肯定與支持。

謝票活動範圍，不必像拜票時那樣辛苦，其實施方式，只需站在宣傳車上，向沿途住戶、商家或來往行人揮手，表達謝意即可，不必使用徒步沿街謝票，如此意思到了，不僅不會失禮，也可節省許多時間與體力。

政黨、政團或候選人，在競選活動期間，係採取徒步方式進行拜（拉）票，不僅要浪費許多寶貴時間，也需消耗大量體力，如比照拜（拉）票方式進行謝票，不是每個人可以辦到，原因是艱苦的選戰才剛結束，不論政黨、政團或候選人，恐怕也得暫時休養生息，根本沒有足夠體力，應付全程謝票活動，所以，還是簡單一點就好，不必過份勉強。另也可利用布條、看板，公車廣告，或感謝函等方式，進行謝票活動，也不失為一種好的謝票方式，但須瞭解各級地方政府規定，避免因而違規受罰，造成無謂損失。

總之，在選舉工作結束之後，政黨、政團或候選人，確

有舉辦一連串的謝票活動必要，如此才能爭取選舉人的繼續肯定與支持，為下次選舉做好鋪路準備，將來一旦再度參與選舉，才有勝選把握。

第二篇　清除競選文宣　復市容拉民心

在競選活動期間，政黨、政團或候選人，為了加強自我推銷工作，在選舉區內，紛紛佈置各種競選文宣，如標語、看板、旗幟、布條等，目的在發揮宣傳效果，爭取選民的認同與支持。

政黨、政團或候選人，於競選活動期間，所佈置之各種競選文宣，依據選舉罷免法之規定，應於投票日後七日內自行清除（公職人員選舉罷免法最新修正案將縮短為三日），如逾時仍不清除者，將依法予以處罰。所以，不論政黨、政團或候選人，必須遵守選舉罷免法及直轄市、或縣（市）政府之相關規定，限時清除競選活動期間，在選舉區內所佈置之各類標語、看板、旗幟、布條等文宣品，避免違規受罰，維護政黨、政團或候選人信譽。

對於文宣品之清除，以臺北市而言，其作法係由市政府環境保護局，派員於投票日午夜前代為清除，多少可減輕政黨、政團或候選人，自行清除文宣品之負擔，受惠之政黨、政團或候選人，不妨利用機會，給環保局工作人員多點鼓勵，以慰工作人員辛勞。

第三篇　舉辦感恩活動　答謝團隊義工

　　經過一場激烈的選戰，不論政黨、政團或候選人及其競選團隊，在選舉結束之後，必然是身心疲憊，需要加以慰問與鼓勵，在經濟能力許可範圍內，至少應舉辦一場次感恩活動，慰問工作夥伴辛勞。

　　感恩活動舉辦方式，原則上以餐會、茶會、酒會、聯歡會等方式均可，但首應考量候選人的經濟負擔能力，基本上以節約為原則，儘量避免舖張浪費，否則將影響支持者捐款意願。

　　感恩活動舉辦地點，如能租借一處活動中心或禮堂，較為理想，所需餐飲，應以外會方式提供，不僅口惠實至，且符合經濟原則。

　　感恩活動邀請對象，應以競選團隊成員及義工為主，如經費及場地允許，也可邀請政治人物、社會士紳、媒體記者參與，藉機壯大聲勢，爭取支持。

第四篇　領取當選證書　留下歷史見證

　　選舉結束之後，有關當選人名單之確定及公告，除候選人得票數相同，選務主管或主辦機關選舉委員會，將擇期舉行抽籤決定當選者，或發生選舉訴訟等因素影響當選公告外，當選人名當，依據選舉罷免法之規定，應於投票後七日內公告之，並由主管或主辦選舉委員會致送當選證書，才算完成法定程序。

　　當選證書之送達，依照選舉委員會之作業慣例，於當選人名單公告之次日起開始分送，為慎重起見，送達工作，原則上由各級負責送達選舉委員會，指派主管級以上人員負責，有時也會有媒體記者隨行採訪。

　　根據過去經驗，選舉委員會之送達人員，不僅很少有機會遇到當選人，有時就連當選人之家屬，或指定文件代收人都無法找到，甚至有少數候選人，係所謂「空降部隊」，來自其他地區，一旦選舉結束，競選辦事處，立即停止運作，一時之間「人去樓空」，不見其影。又因當選人所留地址，屬於臨時性質，致造成屢送不到情事，給送達人員徒增不少困擾。

　　過去臺北市曾經有某位立法委員當選人，由於身分特殊，主辦選舉委員會送達當選證書時，有某電視台記者隨行採訪，選舉委員會工作人員除事先聯絡約定送達時間，並由總幹事親自致送，但當一行人抵達指定地點之後，並未見到該立法委員當選人，幾經多時等候，才由當選人公司秘書出面，表示當選人尚未起床，由他代表接受。這種突如其來的狀況，讓送達一行人員，一時不知所措，弄得哭笑不得。

　　謹此建議當選者，今後能密切配合主管或主辦選舉委員會，約定送達時間及地點，準時等候領取當選證書，或許有機會讓您因此上電視或上報紙，免費推銷一番，讓當選人「未演先轟動」，何樂而不為呢。

第五篇　領回證明文件　避免過時遺失

　　選務主管或主辦機關選舉委員會，在受理候選人申請登記時，因某種原因需要，可能附帶要求候選人繳送相關證明文件，其中有畢業證書、學歷證明、經歷證明、退學證明、退職證明、退休令、退役令、辭職證明、離職證明、調職文件等，以供選舉委員會作為資格審查依據。

　　選舉結束之後，選舉委員會將擇期寄發通知，請候選人攜帶有關證件，及選舉專用印章，按時前往指定地點領回，候選人須把握機會，避免時間拖延過久，或因原主辦人員異動，或退休等人事變遷，致移交不清而失去蹤影，縱然事後主辦機關追究責任辦人，也於事無補，到頭來遭受損失的，還是候選人自己，得小心一點為妙，否則恐將帶來困擾。

第六篇　領回保證金款　免遭移送提存

　　依據選舉罷免法規定，不論一般公職人員選舉，或者總統、副總統選舉，在選務主管或主辦機關選舉委員會，受理參選人申請登記為候選人時，必需繳納一定額度之保證金，其繳納額度，因公職人員選舉種類之不同，而有所區別，並於前面單元已經介紹過，在此不另綴述。

　　該項保證金，各選務主管或主辦選舉委員會，依規定除全國不分區、僑居國外國民選舉未當選者，或其他選舉未當選之候選人，得票數不足各該選舉區應選出名額，除該選舉區選舉人總數，所得商數百分之十者等三種情況，均不予發還之外，其餘不論當選或落選，均應於當選人名單公告後十日內，將原來每一候選人所繳之保證金，悉數發還當事人。

　　主管或主辦選舉委員會，發還各候選人所繳之保證金，原則上先寄發通知，請候選人於指定時間地點領回。

　　候選人領回保證金，應攜帶原申請登記時選務機關所開立收據，及選舉專用印章，並按時前往領回，如逾時仍不領回者，主管或主辦選舉委員會，將依規定提存機關所在地之法院，候選人必須加以注意，免給自己帶來麻煩。

第七篇　領取得票統計　進行選情分析

　　選舉結束之後，主管或主辦選舉委員會，依規定應於當選人名單公告之日起十日內，將候選人在選舉區內各投票所得票數，列表寄交各候選人，除供參考外，也顯示選務之公開化與透明度。

　　候選人在此期間，應注意個人的郵件，避免將它當成廣告物丟棄，錯失參考機會。

　　候選人得票統計，以臺北市而言，過去的選舉實錄，一直採用書面方式印製，但在馬市長兼任市選委會主任委員職務期間，為加強對政黨、政團或候選人的服務深度，自八十七年立法委員、市議員、市長等三合一選舉之後，隨及要求選務主辦單位，除援例編印書面選舉實錄之外，又進一步指示須充分利用現代電腦科技，製作選舉實錄電腦光碟片，提高各界使用興趣，發揮使用價值。

　　政黨、政團或候選人，凡有需要，均可函請臺北市選舉委員會（會址：臺北市 110 信義路五段 15 號 9 樓）提供選舉實錄光碟一張（製作費用及郵寄費用全免），或可利用該會網站，網址：www. mect. gov. tw 查詢，相信對政黨政團或候選人，從事探討分析選舉結果，甚至瞭解支持者分佈情形，將可產生莫大助益。

　　此項選務革新貢獻，除因資訊科技突飛猛進結果所賜外，也是馬主任委員任內最大貢獻，更是臺北市選舉委員會選務行政革新之具體成效，對於政黨、政團或候選人，今後從事有關選戰之規劃佈局，可以提供參考使用價值，期望各界多加利用，使此一電腦科技光碟資訊之製作與提供，能發揮應有的經濟效益與服務功能，提高使用價值。

第八篇　領取得票補貼　享受應有權益

　　選務主管或主辦機關選舉委員會，對於候選人競選經費之補貼，在前面單元中，已經介紹過，它是我國目前公費選舉項目之一。其主要目的，在補助及鼓勵無經濟基礎的青年才俊之士，有機會參與公職人員選舉，除實現公平選舉原則外，也藉機培養優秀政治人才，為國家社會所用。

　　競選經費補貼作業，基本上於當選人名單公告後，凡達到規定補貼標準者，其中候選人部分，由政府選務主管或主辦機關，每票補貼新台幣三十元，但其最高金額，不得超過各該選舉區候選人競選經費最高金額。至於推薦候選人之政黨部分，凡該次中央級公職人員選舉，得票數達總票數百分之五以上者，由政府選務主管或主辦機關，每票補貼新台幣五十元，藉以獎勵政黨政治之正常運作與發展。

　　競選經費補貼對象及金額，依據選舉罷免法之規定，候選人除全國不分區、僑居國外國民之立法委員選舉（修正案尚包括國民大會代表在內）外，當選人在一人，得票數達各該選舉區當選票數三分之一以上者，或當選人在二人以上，得票數達各該選舉區當選票數二分之一以上者，均符合補貼標準。

　　候選人得票數達到一定標準者，其中故然有人不幸落選，但照樣也可獲得競選經費之補貼。只要候選人在競選期間多下功夫，能爭取更多選民支持，必然可以獲得更多競選經費之補助。凡能幸運當選者，補貼經費自然更高，所以，有些候選人，因而發了一筆小財，由貧致富，再由小富變成

大富，完全依靠競選經費補貼之賜，預祝你也能跟那些歷經沙場的老將般，一舉獲得成就，因而致富，或許有朝一日，瞬間搖身一變，也能讓你成為一個小富翁，也說不定。

競選經費之補貼作業程序，依照法令規定，基本上先由主管或主辦選舉委員會，業務部門計算出補貼對象、人數、金額，然後造冊送請會計部門，完成預算動支程序，再交由行政部門開立國庫支票，最後再由業務部門通知候選人，前往指定單位之出納部門領取。

政黨、政團或候選人，接獲主管或主辦選舉委員會通知，限期領取競選經費補貼，應攜帶通知函、收據（隨通知寄達領取人，政黨或政團部分，除蓋負責人印章外，另需加蓋政黨或政團圖記）、候選人印章、負責人或候選人國民身分證。

競選經費補貼領取時間，原則上在當選人名單公告之次日起二十日內，候選人必須注意配合，如逾期並超過年度時，主管或主辦選舉委員會，將依法繳回國庫（修正案規定經選舉委員會催告於三個月內具領，屆期為領取者，是為放棄領取權利），屆時領取手續將恐將更為麻煩。

第九篇 檢討選戰得失 找出問題所在

在人類生存發展過程中，不論從事任何工作，就算有周詳的計畫，充分的準備，最後或許會有一些缺失，甚至有若干問題的發生，誰也無法保證能夠做到十全十美要求，但開始總得盡其所能，預防缺失或問題的發生，避免給自己增加無謂困擾，才是上策。

公職人員選舉過程，不論政黨、政團或候選人，除需經歷激烈競爭外，也要付出相當代價，其中如人才之折損、金錢之花費、形象之受損、聲譽之受挫、力量之分散等，實在不勝枚舉。

在艱鉅而複雜的過程中，一但有所疏忽，即容易發生問題，出現意外狀況，甚至犯下嚴重錯誤。不論發生問題之大小，出現意外狀況之多寡，犯下錯誤之輕重，只要能夠即時應變，迅速採取補救措施，當機立斷處置，將可找出解決問題答案，排除意外狀況發生，避免而後繼續犯錯。

所謂檢討過去，策勵將來，其目的，不但在杜絕問題的發生，預防意外狀況，避免出現錯誤。於是在選舉熱潮過後，不論政黨、政團或候選人，或競選團隊，須根據選戰經過事實及得失，提出檢討報告，針對在選舉前、選舉中，所發生的問題，所出現的意外狀況，所犯下的錯誤等，逐一進行分析、檢討，找出問題發生的關鍵，意外狀況發生的原因，錯誤發生的起源等，提出改進意見或辦法，進而杜絕問題，預防狀況，避免錯誤的再次發生，才能保證今後不致再讓歷史重演。經過這樣的分析、檢討過程，才能使政黨、政團或候選人，甚至競選團隊，能夠有所精進，使未來的競選工作，達到盡善盡美的要求。

第十篇　申報競選經費　避免逾時受罰

　　基於公平公正原則，選務主管或主辦機關選舉委員會，依據總統副總統暨公職人員選罷法規定，必須要求候選人，限期申報競選經費收支結算，供作審查參考依據。

　　競選經費申報相關規定，在前面單元，已經介紹過，在此不另贅述，每一候選人均須注意配合，如期辦理申報，凡逾時申報者，依法將受處罰。

　　候選人競選經費收支結算申報，期限訂在投票日後三十日內（選罷法最新修正案將改為四十日內），申報時應撿同競選收支結算申報表，向原申請登記為候選人之主管或主辦選舉委員會申報。

　　競選經費收支結算申報之後，有關支出憑據、證明文件等，依規定應於申報後保管六個月（選罷法最新修正案改為五年），以供主管或主辦選舉委員會，於必要時查核參考，但發生訴訟時，應延長保管至裁判確定後三個月。

　　凡不為申報，或申報不實者，或申報金額超過競選經費之最高金額者，將依法處新台幣一萬元以上十萬元以下之罰鍰（選罷法最新修正案已提高至二十萬元以上二百萬元以下，俟獲得立法院審查通過即可頒佈實施）。

　　在選舉結束之後，所有候選人，不論當選或落選，一體適用，沒有例外，每人都得辦理競選經費結算申報，如逾期申報，或不為申報，或申報不實者，或申報金額超過競選經費最高金額者，不僅將受處罰，也將給自己的參選過程，留下不良紀錄。唯有每位候選人依法辦理申報，才能給社會大眾留下美好印象。

第十一篇　領回財產申報　留供建檔參考

　　依據公職人員選舉罷免法規定，主管或主辦選舉委員會，於受理候選人申請登記時，依法要求候選人繳交本人、配偶及其未成年子女之財產申報書，這項財產申報書，於當選人名單公告之日起屆滿六個月，原受理之主管或主辦選舉委員會，依規定應將財產申報書，發還候選人。

　　選務主管或主辦選舉委員會，對於退還候選人之財產申報書作業程序，基本上於投票後屆滿六個月，即先寄發通知，請候選人依照通知時間、地點，領回財產申報書。

　　候選人接到選舉委員會通知後，應攜帶原通知函、選舉專用印章，按時前往指定地點領回財產申報書，以便建立永久性檔案，提供未來需要或使用參考。

　　總之，候選人參與選舉活動，不論當選或落選，到此算是大功告成。為了給自己參選過程，留下美好紀錄，劃下完美句點，舉凡選務主管或主辦機關，規定或要求事項，均需照章行事，限期辦理，如期完成，其中任何一項不得省略，才是每一候選人，應有的態度與作為。

第十二篇　設立服務處所　落實選民服務

　　選舉之後並非工作的結束，而是服務選區民眾的開始，所以，當選人須迅速找尋適當地點，設立選民服務處所，其目的有二，一、與選民保持密切關係，避免產生疏離感，二、做好選民服務工作，爭取支持向心力。

　　身為民意代表，不論國會議員，或地方議會議員，一經宣誓就職，即開始進入忙碌階段，其工作計有審查各種法案、審議政府預算、質詢政府官員、監督政府施政、接受選民服務。前四項須親自參與，他人無法代勞，最後一項選民服務工作，可透過服務處所，由助理人員代為完成，因議會期間，每年長達八個月，選民服務工作，無所不在，隨時都有，如靠自己或家人，事實上不可能的任務，縱然有心，也力有未逮，而選民熱切期望，莫過於民意代表親自參與婚、喪、喜、慶活動，添增光彩，是虛榮心作祟的具體表現，須盡量配合演出，否則很容易得罪人。因此，對於類似繁文縟節活動，既然不能避免，如能透過服務處所主任，協助完成，當屬善策，一方面盡人事，再方面不失禮，唯有凡事面面俱到，將來尋求連任，才能獲得選票。

第四單元

明瞭遊戲規則　爭取有利條件

　　我們雖然是一個民主法治的國家，一方面透過學校教育制度，培養出許多法學人才，再方面經由選舉過程，發掘了無數的政治人物，為國家、社會所用。但就實際情況而言，並非每位參選人，都出身於法律系所，除因學術研究或職業需要外，大多數人恐怕對選舉法規，恐怕甚少涉及。

　　不論任何人，一旦選擇從政之路，就須參與公職人員選舉，要參與公職人員選舉，對於選舉法規，須有所瞭解，才足以因應複雜而多變的選戰局勢，避免在選舉過程中違規受罰，而擾亂自己的選戰步調，造成不必要心理負擔。

　　事實上，與選舉有關之法令規章甚多，諸如中華民國憲法及其增修條文，總統副總統選舉罷免法及其施行細則，公職人員選舉罷免法及其施行細則，公職人員財產申報法及其施行細則，地方制度法等五種，選舉罷免事務補充規定等，亦有二十五種，另有其它相關法規，如刑法、民法等，多得不勝枚舉。想要全部瞭解，恐怕沒這個必要，再者也沒那麼多時間，就省了罷。

　　以下僅就其中與參選人關係較為密切部分，逐一加以介紹，期能夠提供政黨、政團或參選人，或需要者，使用或參考。

　　首先介紹總統副總統選舉罷免法部分，共有七章計一〇

七條，第一章為總則；第二章規範選舉罷免機關；第三章規範選舉事項；第四章規範罷免事項；第五章規範妨害選舉罷免處罰；第六章規範選舉罷免訴訟；第七章為附則，其中第三章，內容與候選人關係最密切，須作深入介紹，期能對後選人，有所助益。

其次介紹公職人員選舉罷免法部分，共有七章，其章節及內容，與總統、副總統選舉罷免法相互比較，頗有雷同之處，唯一差別，前者因需適應多種公職人員選舉罷免，條文較多，後者僅規範總統副總統選舉，條文較少。

再其次介紹公職人員財產申報法部分，雖未區分章節，全部內容僅有十七條文，其中特別規定候選人於申請登記時，須同時申報財產，如不為申報或申報不實者，將處新台幣六萬元以上三十萬元以下之罰鍰（依修正中之新規定，罰鍰額度，將提高至二十萬元以上二百萬元以下）。

最後介紹有關公職人員選舉罷免法修正草案，由於該法案因應政治環境變遷及政黨輪替需要，已進行多次修正，目前正送請立法院審議中，以下就最新修正條文及其要點，分別加以介紹，提供讀者參考。

一、配合憲法增修條文之修正部分

因應「國民大會代表採比例代表制選舉方式產生」；「停止辦理省議員及省長選舉」；「山胞改稱為原住民」；「遇有總統宣布解散立法院案，應於六十日內舉行立法委員選舉」；「國民大會代表，在立法院提出憲法修正案、領土變更案，經公告半年，或提出總統、副總統彈劾案時，應於三個月內

選出」；「立法委員選舉應選名額，規定直轄市、縣（市）應選名額之計算方式，而選舉區人口數應扣除原住民人口數」等變化需要，修正相關條文。

二、配合相關法律之修正部分

因應地方制度法之修正「取消鄉（鎮、市）自治選舉」；「行政程序法之制訂，致部分選舉程序無法適用，而另有規定之必要，以及本法及其施行細則中有關人民權利義務事項，提昇至本法規範」；「戶籍法之修正，刪除本籍及公報職業欄之規定，將戶籍登記簿修正戶籍登記資料，將戶籍機關修正為戶政機關」；「兵役法之修正名定服替代役期間之役男不得申請登記為候選人及罷免案提議人」；「組織犯罪防制條例之修正，曾犯組織犯罪防制條例之罪，經判處有期徒刑以上之刑確定者，不得登記為候選人，或依同條例第十四條第一項所定之罰鍰，政黨經通知後逾期不繳納者，選舉委員會依法移送強制執行，並得於應撥給政黨之競選補助金款項內逕予扣除」等變化需要，修正相關條文。

三、配合掃除黑金政策強化排黑條款之修正部分

因應「受有期徒刑以上之刑確定，受緩刑宣告者，於緩刑期間，或因受死刑、無期徒刑或十年以上有期徒刑之判決尚未確定者，或因受宣告強制工作之保安處分或流氓或感訓處分之裁判確定，尚未執行，執行未畢或執行完畢未滿十年者，均不得登記為候選人」；「當選人有本法第一〇七條第一項第三款或第四款賄選情事，經法院判決當選無效確定者，

其缺額由落選人依得票數之高低順序遞補，不得適用重行選舉或缺額補選之規定，但遞補人員之得票數，不得低於選舉委員會原公告該選舉區得票數最低當選人得票數二分之一」；「各級民意機關正、副首長選舉之賄選處罰納入本法規範」；「賄選之行賄期間，自選舉委員會發布選舉公告之日起」；「政黨所提名之候選人負有連帶責任，凡政黨推薦之候選人，有因賄選或以暴力介入選舉情事，經法院判決有罪確定，按其確定人數，各處其政黨新台幣五十萬元以上五百萬元以下罰鍰」；「提起當選無效訴訟之期間，由自公告當選人名單之日起十五日，延長為三十日」等變化需要，修正相關條文。

四、配合簡化選舉作業及革新選舉制度之修正部分

因應「精簡選務機關組織，擬將省選舉委員會併入中央選舉委員會」；「選舉人居住期間由四個月改為六個月（總統副總統選舉部分業已修正通過並頒布實行）」；「選舉人名冊編造後，除選舉委員會、鄉（鎮、市、區）公所、戶政機關依本法規定使用外，不得以任何方式對外提供」；「選舉人名冊改由鄉（鎮、市、區）公所公開陳列公告閱覽（公職人員選舉部分尚在立法院審議中）」；「僑居國外之中華民國國民，將戶籍遷出國外連續八年以上之起算時間」等，修正相關條文；「取消助選員制度規定，或因解除在校肄業學生不得登記為候選人之規定，或因取消村（里）長候選人免繳保證金之規定」等，刪除相關條文；「候選人競選經費最高限額，改為最高金額，並提高競選經費額度」；「政黨、候選人

或為其助選之人，不得向不特定人以發行定期、不定期之無息、有息債券或其他有價證券方式，募集競選經費」；「加強候選人競選經費之申報查核，如自選舉公告發布之日起，候選人應設競選經費收支帳簿，並按日逐筆記載競選經費之收、支對象及其住址、金額或價額等明細、或因競選經費收支結算申報表，應由候選人簽名或蓋章，並委託會計師查核簽證，或因選舉委員會對於競選經費之申報，得要求檢送收支憑證或證明文件，並得派員查核，受查核者，不得規避、妨礙或拒絕，或因選舉委員會對於所申報資料，應刊登政府公報或公告，或因競選經費之查核，選舉委員會得聘請專業人員組成查核小組查核之」；「提高個人或營利事業對於候選人或政黨捐贈競選經費額度」；「政見發表會得以電視或其他大眾傳播工具辦理」；「除政黨、聯盟或候選人外，任何人不得於廣播、電視、報紙或其他大眾傳播工具刊播競選廣告，並規定大眾傳播接受刊播競選廣告，應為公平、公正之處理」；「除選舉委員會指定之地點外，不得於道路、橋樑、公園、機關（構）、學校或其他公共設施及其用地懸掛或豎立標語、看板、旗幟、布條等競選廣告物」；「因政黨、聯盟及任何人，於投票日前五日起至投票時間截止前，不得以任何方式發布有關候選人或選舉之民意調查資料，亦不得加以報導、散布、評論或引述」等，修正相關條文；「取消候選人及政黨競選宣傳車輛數限制規定」，刪除相關條文；「增列當選人經法院判決當選無效確定後，如依法院判決認定之事實，候選人得票數有變動致當選與落選時，主管選舉委員會應依法院確定判決認定之事實，重行審定選舉結果，並予公

告」;「違反有關候選人競選經費帳簿設置、記載、保管或規避、妨礙、拒絕查核,或不為申報或故意為不實申報,或未依規定檢送收支憑證、證明文件等之處罰規定」;「本法修正施行前已發布選舉公告之選舉,或已向主管選舉委員會提出之罷免案,仍適用修正前之規定」;「本法施行細則之修正,由內政部會同中央選舉委員會擬定,報請行政院核定之」等變化需要,修正相關條文。

以上與選舉有關之法規參考書籍,參選人如有需要,可逕向各級選務主管機關,如中央選舉委員會、或省(市)選舉委員會、或縣(市)選舉委員會,免費索取,或逕向各地區圖書館查詢,或參考六法全書、或自行前往各地書局(店)價購,即可獲得相關所需資訊。另若想進一步獲得更詳細資訊,也可透過中央選舉委員會網站,網址「www.mec. gov. tw」或臺北市選舉委員會網站,網址「www. mect. gov. tw」,上網查詢,也可獲得所需資訊,請讀者多加利用。

惟因修憲廢除國民大會等,未來修正公職人員選舉罷免法,變數仍舊難料,猶待讀者多加關注。

第五單元

認識選務機關　方便取得資訊

　　中華民國臺澎金馬自由地區，所舉辦各種公職人員選舉事務，自民國三十九年至六十九年五月十四日之間，原係由各級政府機關之民政部門，負責主辦，難免有瓜田李下之嫌，讓選民產生不少疑問，常有人質疑其選舉之公正性。

　　自六十九年五月十四日「動員勘亂時期公職人員選舉罷免法」經總統發布施行後，有關選舉事務，全部改由依法設立之選務機關——中央選舉委員會，統一主政，並指揮監督省（市）、縣（市）選舉委員會，負責辦理，其目的將原來的「選政合一」政策，改為「選政分立」制度，使各項選務工作，能在中立、客觀、超然的前提下進行，以公平、公正、公開的原則中完成。

　　各級選舉委員會，依據公職人員選舉罷免法第八條之規定成立，計有中央、省（市）、縣（市）等三個層級（為配合精簡政策，新修正案將原臺灣省及福建省兩個選舉委員會，併入中央選舉委員會），總計二十八個選舉委員會（如獲得通過屆時僅剩下二十六個選舉委員會），達到層級指揮一元，組織事權統一要求。

　　各級選舉委員會組織體系，其中以中央選舉委員會而言，係隸屬於行政院，為中央部會層級之常設機關，主任委

員職務,過去係由內政部長兼任,但自陳水扁先生就任總統之後,改為專職,首任人選,由行政院政務委員黃石城先生出任。委員會依編制規定可置十一至十九人委員,委員人選依立法院政黨得票席次分配名額,由各政黨及無黨籍人士推派代表所組成之,由行政院長報請總統派充之,任期三年。另有二十五位巡迴監察員,委員人選由立法委員各政黨及無黨籍人士當選席次分配名額,負責選舉事務之監察事項,由中央選舉委員會報請行政院院長聘任之,任期三年。雖在九十年中央及地方公職人員選舉期間,因少數委員個人行為,導致社會輿論相繼指責,難免使選民對各級選舉委員會過去數十年,所豎立的信任度,受到嚴重考驗,猶待繼續努力,謀求補救之道。

　　各級選舉委員會組織編制,其中就中央選舉委員會部分,置秘書長一人,副秘書長一至二人,之下分設一至四組,分別辦理各項選舉事務,法制組,負責辦理選舉罷免法規及監察事項、餘有資訊、行政、人事、會計、政風等五室,分別辦理各項選舉事務相關行政事項。至於省(市)及縣(市)選舉委員會部分,除金門、連江兩個選舉委員會情況較為特殊,專任編組員額僅有一人外,其餘省(市)、縣(市)選舉委員會,內部編制單位數極為相同,僅員額之多寡,有所差別而已。

　　省(市)、縣(市)選舉委員會之編制員額,大多以所在地之行政區域內人口數之多寡,選舉事務之難易,工作份量之輕重等,有所區別,委員人數及單位編制員額,原則上約在五至二十三人之間,仍按議會政黨得票席次分配名額,

由各政黨及無黨籍人士推派代表所組成之。其中省（市）選
舉委員會部分，由中央選舉委員會提請行政院院長派充之，
任期三年。縣市選舉委員會部分，由省選舉委員會遴報中央
選舉委員會派充之，任期三年。

　　基於人事精簡原則，現行省（市）及縣（市）選舉委員
會主任委員職務，依法均由省（市）、縣（市）地方行政首
長兼任。省（市）、縣（市）選舉委員會之下分設選務、監
察兩大部門，其中選務部門，由總幹事負責主管，基本上區
分為四組、第一組主管選務事項，第二組主管選舉人名冊編
造事項，第三組主管宣傳事項，第四組主管選舉罷免法規及
監察業務事項，餘有行政、人事、會計、政風、資訊等五室，
主管選舉事務有關行政事項。監察部門設有監察小組，委員
人數在五至二十三人之間，其中一人為召集人，從事有關候
選人、選舉人、選務人員等之監察事項。監察小組委員聘任
程序，其中省（市）選舉委員會部分，依法報請中央選舉委
員會聘任之，任期三年；縣（市）選舉委員會部分，由所屬
委員會遴選報請省選舉委員會聘任之，任期三年。

　　為配合政府推動員額精簡政策，目前各級選舉委員會雖
然有二十八個單位，但編制員額僅有二八五人，平均每一單
位編制員額僅有十點零一七人。每逢舉辦各種公職人員選
舉，各級選舉委員會，須向中央及地方各級行政機關，臨時
借調職員支援，也需動員各級政府機關、學校教職員，各公
私立大專院校成年學生、社會熱心人士之協助，執行有關選
舉投票及開票工作，更需全國各界的協助、支持與肯定。

　　各級選舉委員會角色及功能，猶如一所現代化、企業化

的婦產科醫院，全體選務人員好比醫院中的醫師、護士及其行政人員，兼負接生、急救，及服務等工作，凡前來醫院就診者，不問美與醜、老與少、胖與瘦、高與矮、貧與富，均一視同仁，保證能夠順利生產，母子平安。因此，期望所有產婦，都能夠抱持「既來之，則安之」的心情，安心待產，充分信賴醫院醫師、護士的技術與專業，並且公平對待，使每位產婦均可順利生產，最後必然帶著甜美果實凱旋而歸，與家屬、親朋、好友、競選團隊、支持群眾，共同慶祝成就，分享喜悅。

　　不論何種公職人員選舉，一旦選舉委員會發布選舉公告，即正式進入選舉期間，在此期間，不問政黨、政治團體，或候選人，對相關之選務主管或主辦機關，應有所認識與了解，建立良好的互動關係，保持密切的協調聯繫，隨時有效掌握相關選舉法令、規定，對於要求事項，儘量遵守、配合，相信對於選戰，將有所助益。

　　各級選舉委員會，均設置為民服務電話，惟限於篇幅，無法一一列舉，僅就其中與候選人有關部分，如常設單位第一組（主辦選舉事務）及第四組（主辦監察事務），聯絡及傳真專線，分別介紹如後。

◆中央選舉委員會

　　第一組（02）23565458　　法制組（02）23565463
　　傳真專線（02）23976901

◆臺灣省選舉委員會

第一組（049）2324802-8　第四組（049）2324802

傳真專線（049）23249459

◆福建省選舉委員會

會本部（082）322220－22　第一組（0823）22220－21

傳真專線（082）3222240

◆臺北市選舉委員會

第一組（02）27233372-203　第四組（02）27233372-301

傳真專線（02）27233419

◆高雄市選舉委員會

第一組（07）5213206　第四組（07）5213206

傳真專線（07）5210585

◆臺北縣選舉委員會

第一組（02）29541900　第四組（02）29541900

傳真專線（02）29540915

◆宜蘭縣選舉委員會

第一組（03）9364567-149　第四組（03）9364567

傳真專線（03）9333526

◆桃園縣選舉委員會

第一組（03）3374628　第四組（03）3374628

傳真專線（03）3340964

◆新竹縣選舉委員會

第一組（03）5519036　　第四組（03）5519037

傳真專線（03）5519039

◆苗栗縣選舉委員會

第一組（037）335428　　第四組（037）274228

傳真專線（037）328410

◆臺中縣選舉委員會

第一組（04）25264047-4011 第四組（04）25273677

傳真專線（04）25267334

◆南投縣選舉委員會

第一組（049）2228035　　第四組（049）2228035

傳真專線（049）222914

◆彰化縣選舉委員會

第一組（04）7256091-15　第四組（04）7248244

傳真專線（04）7237521

◆雲林縣選舉委員會

第一組（05）5321143　　第四組（05）5321143

傳真專線（05）5331230

◆嘉義縣選舉委員會

第一組（05）3620166-16　第四組（05）3620167

傳真專線（05）3620164

◆臺南縣選舉委員會

　　第一組（06）6326901-110　　第四組（06）6326901

　　傳真專線（06）6357004

◆高雄縣選舉委員會

　　第一組（07）7411080　　第四組（07）7472231

　　傳真專線（07）7430958

◆屏東縣選舉委員會

　　第一組（08）7340840　　第四組（08）7340846

　　傳真專線（08）7323308

◆臺東縣選舉委員會

　　第一組（089）337884　　第四組（089）337885

　　傳真專線（089）327483

◆花蓮縣選舉委員會

　　第一組（03）8226430　　第四組（03）8226430

　　傳真專線（03）8228962

◆澎湖縣選舉委員會

　　第一組（06）9277166　　第四組（06）9277166

　　傳真專線（06）9279597

◆基隆市選舉委員會

　　第一組（02）24214646　　第四組（02）24321551

　　傳真專線（02）24321918

◆新竹市選舉委員會

第一組（03）5234852　　　第四組（03）5234917

傳真專線（03）5235017

◆臺中市選舉委員會

第一組（04）22245080-21　第四組（04）22245080-24

傳真專線（04）22229609

◆嘉義市選舉委員會

第一組（05）27256447　　　第四組（05）27254608

傳真專線（05）2286283

◆臺南市選舉委員會

第一組（06）2982100-212　第四組（06）2982096-211

傳真專線（06）2982483

◆連江縣選舉委員會

服務專線（0836）22381　　傳真專線（0836）22209

◆金門縣選舉委員會

服務專線（0823）22190　　傳真專線（0823）21499

　　以上所列資訊，包括中央、地方各級選務機關，聯絡及傳真電話，專為服務各政黨、政團、候選人，或一般民眾而設，凡有查詢事項，只需撥一通電話，或透過網路系統，更能迅速獲得所需服務，或提供相關資訊，尤對初次參選者，還可得到必要的輔導及協助，請讀者多加利用。

第六單元

勝利成功關鍵　必須講求方法

經過以上介紹，相信讀者對選戰過程及步驟，有了初步認識及瞭解，但光是這樣依然無法應付複雜多變的選戰情勢，應熟悉相關步驟及要領，善用其中奧妙與技巧，才能有效掌控局面，保持領先優勢，爭取勝選機會。

任何一種公職人員選舉，不論中央或地方，不管民意代表或行政首長，必須針對「選舉前」、「選舉中」、「選舉後」三大步驟，其中任何步驟，都很重要，不可忽視。也唯有按照步驟，循序漸進，才能對政黨、政團或候選人，從事選戰規劃、佈局、準備，及運作等，發揮事半功倍效果。

一位成功的從政者，除要有參與政治活動熱忱外，更需具備淵博學識素養，深厚人脈基礎，良好人際關係，負責盡職態度，清廉自持人格，犧牲奉獻精神，再加上形象好，能力強，知名度高，青年有為，縱然沒有任何資源與奧援，照樣也可獲得選民支持，贏得選戰勝利。

選舉像是一場賭局，「人人有希望，個個沒把握」，它有不確定風險因素存在。但俗語說「要得驚人藝，須下苦功夫」，若不經一番努力耕耘，將無法達成願望，實現理想。

在選戰進行期間，由於時間短暫，機會瞬間即逝，根本沒有多餘思考空間。不論老將或新秀，不問政黨、政團，或

候選人，均需牢記原則要領，掌握先機，充分運用其中奧妙及技巧，才能戰無不勝，攻無不克。

政黨、政團或候選人，想要實現此一艱鉅願望，必須下功夫，做功課，事前更要有周詳計畫，充分準備，切忌不打沒有把握的戰，否則下一個失敗者，保證非你莫屬。

近年來由於政治改革，社會開放，政黨輪替，或多或少帶來若干亂象，尤其在國會，或議會殿堂上，偶爾也發生一些鬧劇，甚至有打架場面，難免讓人有些失望。個人要想成為家喻戶曉的政治人物，除須歷經千辛萬苦，面對各種挑戰，才能出人頭地，一旦進入國會或議會殿堂，若沒一點凸出表現，如何能夠加深選民印象，繼續獲得肯定與支持，所以大家應該給予體諒。

在二千三百萬人中，想要獲得這項殊榮，的確不是一件容易的事，因選舉種類雖然多，並且經常舉辦，但應選名額實在有限，每逢公職人員選舉，總是使人趨之若鶩，不論中央或地方各級民意代表，乃至各級地方行政首長選舉，均吸引無數有志之士熱烈參與，一旦投入其中，欲罷不能，更有家族相傳例子，此種熱衷現象，幾無終止之日，甚至有少數人，今生奮鬥目標，似乎只為參選，其他都無關重要，為了達成心願，不惜犧牲一切，不計任何代價，始終勇往直前，實在令人佩服。

有智慧的參選者，一旦決心投入選戰，必須提早做好各項準備工作，如了解政治環境，注意社會脈動，懂得民眾需要，勾勒從政願景，趁機試試身手，若有主觀因素與客觀條件配合，即可一舉贏得勝選，順利進入國會或議會殿堂，成

為令人羨慕的代議士，做民主政治的代言人。

　　如今經濟景氣不佳，生意不好做，就業機會有限，不妨改行參選，也是另一種方式投資，值得一試。選舉這一行業，所需資本較低，只需要二十萬元保證金，加上名片、傳單等文宣資料印刷費用，就可玩幾個月，何樂而不為呢？如果時來運轉，或許能夠一舉改行成功，下一個國會或議會議員，說不定就是你。

　　大學之道有所謂「物有本末，事有終始，知所先後，則近道矣」，說明處事步驟，必須符合科學精神，經營選戰亦呼如此，如能懂得善用此一原則，將可產生意想不到的效果。選舉是一場激烈競爭，在競爭過程中，競選團隊更需確實掌握事物本末、終始、及先後順序，然後循序漸進，才能成就事業，實現理想。

　　選舉乃是民主政治不可或缺的過程，選戰卻是政黨、政治團體，或候選人，實現政治理想的唯一手段，不論推薦人選，或親自參與角逐，爭取政府官員寶座，或民意代表席次，均需全心投入，全程貫注，全力以赴，甚至視為團體或個人之大事來看待，或當作事業來經營，避免毫無章法，草率行事，唯有講求方法與技巧，才是致勝之道。

第七單元

現有公職選舉種類及名額統計

一、中央公職人員部分

1、國民大會代表選舉

自由地區總名額共計 300 席，任期一個月，最近一次選舉時間，定於 2005 年 5 月 14 日舉行投票。（依法採比例代表制選出，屬任務型公職人員，也就是因應複決立法院提出憲法修正案而產生，集會時間為期一個月，完成任務即予解散）。

本次任務型國大代表選舉，是首次選舉，也是最後一次選舉，真所謂「好景不長在，好花不常開」，其主要原因，未來立法院所提出之修憲案，已改由自由地區選舉人投票複決，徹底實現直接民權，使國民大會正式劃下句點，從此走入歷史。

2、立法委員選舉

自由地區總名額共計 225 席，任期三年，連選次數沒有限制，下屆改選時間，預定於 2007 年 12 月間舉行投票。（依據最近一次任務型國大代表，複決立法院所提出憲法修正案，已通過將目前立法委員席次減為 113 席，任期改為四年，

選出方式將採單一選區兩票制，其中一票選人。一票選黨，自下屆起實施。

3、總統、副總統選舉

任期四年，連選得連任一次，下一任改選時間，預定於2008年3月間舉行投票。

二、地方公職人員部分

1、直轄市議會議員選舉

北高兩市總名額共計96席，其臺北市52席，高雄市44席，任期四年，連選次數沒有限制，下屆改選時間，預定於2006年12月間舉行投票。

2、直轄市長選舉

北高名額共計2席，任期四年，連選得連任一次，下屆改選時間，預定於2006年12月間舉行投票。

3、縣（市）議會議員選舉

臺澎金馬自由地區，共計23縣（市），應選出名額總計897席，其中臺灣省871席，福建省26席，任期四年，連選任期沒有限制，下屆改選時間，預定於2005年12月間舉行投票。

4、鄉（鎮、市）民代表選舉

自由地區319個鄉（鎮、市），應選出總名額共計3，

717 席，其中臺灣省 3,654 席，福建省 63 席，任期四年，連
選次數沒有限制，下屆改選時間，預定於 2006 年 1 月間舉
行投票。

5、鄉（鎮、市）長選舉

自由地區共有 319 個鄉（鎮、市），其中臺灣省 309 個，
福建省 10 個，應選出名額計 319 席，任期四年，連選得連
任一次，下屆改選時間，預定於 2006 年 1 月間舉行投票（政
府相關業務主管機關，現正討論是否提前舉行，合併 2005
年底縣（市）長選舉，同時投票，簡化選舉次數）。

6、村（里）長選舉

臺澎金馬自由地區，總計有 7,809 個村（里），其中臺
灣省 6,838 個，福建省 59 個，臺北市 449 個，高雄市 463
個，應選出總名額共計 7,809 席，任期四年，連任次數沒有
限制，下屆改選時間，預定於 2006 年 6 月間舉行投票（目
前政府相關業務主管機關現正討論是否提前舉行，合併鄉
（鎮、市）民代表選，同時投票，簡化選舉數次）。

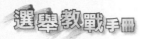

參考書目

一、 書籍部分：

1、 「中央暨各級選舉委員會選務工作人員通訊錄」，中央選舉委員會，1998

2、 「公職人員選舉罷免法及其施行細則關係條文對照表」，臺北市選舉委員會，1998

3、 「八十六年、八十七年地方公職人員選舉實錄」，臺灣省選舉委員會，1998

4、 「福建省金門縣連江縣第二屆縣長暨縣議員選舉實錄」，福建省選舉委員會，1998

5、 「總統副總統選舉罷免法及其施行細則關係條文對照表」，臺北市選舉委員會，1999

6、 「第四屆立法委員選舉實錄」，臺北市選舉委員會，1999

7、 「公職人員選舉罷免法修正草案總說明暨修正條文對照表」，中央選舉委員會，2000

二、 媒體部分：

1、 「90年縣市長 立委選舉結果示意圖」，聯合報，2001

2、 「91年縣市議員 鄉鎮市長選舉結果示意圖」，聯合報，2002

3、 「中央選舉委員會網站資料庫」中央選舉委員會，2005

4、 「歷屆總統副總統暨公職人員選舉結果統計表」聯合報，1999-2004

5、 「歷屆總統副總統暨公職人員選舉結果統計表」，中國時報，1999-2004

6、 「第七屆立委選舉應選名額分配估算表（國民黨版）」，聯合報，2005

國家圖書館出版品預行編目

選舉教戰手冊：介紹選舉步驟 傳授選戰技巧 /
　　李學華著. -- 一版.
　　臺北市：秀威資訊科技, 2005[民 94]
　　面 ；　 公分. --　 參考書目：面
　　ISBN 978-986-7263-52-0（平裝）
　　1. 選舉 － 手冊，便覽等

572.3026　　　　　　　　　　　　94013046

社會科學類　PF0005

選舉教戰手冊

作　　者 / 李學華
發 行 人 / 宋政坤
執行編輯 / 李坤城
圖文排版 / 劉逸倩
封面設計 / 羅季芬
數位轉譯 / 徐真玉　沈裕閔
圖書銷售 / 林怡君
網路服務 / 徐國晉
出版印製 / 秀威資訊科技股份有限公司
　　　　　 台北市內湖區瑞光路 583 巷 25 號 1 樓
　　　　　 電話：02-2657-9211　　　傳真：02-2657-9106
　　　　　 E-mail：service@showwe.com.tw
經 銷 商 / 紅螞蟻圖書有限公司
　　　　　 台北市內湖區舊宗路二段 121 巷 28、32 號 4 樓
　　　　　 電話：02-2795-3656　　　傳真：02-2795-4100
　　　　　 http://www.e-redant.com

2006 年 7 月 BOD 再刷
定價：280 元

讀　者　回　函　卡

感謝您購買本書，為提升服務品質，煩請填寫以下問卷，收到您的寶貴意見後，我們會仔細收藏記錄並回贈紀念品，謝謝！

1.您購買的書名：＿＿＿＿＿＿＿＿＿＿＿＿＿＿＿＿

2.您從何得知本書的消息？

　　□網路書店　　□部落格　　□資料庫搜尋　　□書訊　　□電子報　　□書店

　　□平面媒體　　□ 朋友推薦　　□網站推薦　　□其他＿＿＿＿＿＿

3.您對本書的評價：(請填代號　1.非常滿意 2.滿意 3.尚可 4.再改進)

　　封面設計＿＿＿　版面編排＿＿＿　內容＿＿＿　文/譯筆＿＿＿　價格＿＿＿

4.讀完書後您覺得：

　　□很有收獲　　□有收獲　　□收獲不多　　□沒收獲

5.您會推薦本書給朋友嗎？

　　□會　　□不會，為什麼？＿＿＿＿＿＿＿＿＿＿＿＿＿＿＿＿＿＿

6.其他寶貴的意見：＿＿＿＿＿＿＿＿＿＿＿＿＿＿＿＿＿＿

＿＿＿＿＿＿＿＿＿＿＿＿＿＿＿＿＿＿＿＿＿＿＿＿＿＿＿＿

＿＿＿＿＿＿＿＿＿＿＿＿＿＿＿＿＿＿＿＿＿＿＿＿＿＿＿＿

＿＿＿＿＿＿＿＿＿＿＿＿＿＿＿＿＿＿＿＿＿＿＿＿＿＿＿＿

讀者基本資料

姓名：＿＿＿＿＿＿＿＿＿　年齡：＿＿＿＿　性別：□女 □男

聯絡電話：＿＿＿＿＿＿＿＿　E-mail：＿＿＿＿＿＿＿＿＿＿

地址：＿＿＿＿＿＿＿＿＿＿＿＿＿＿＿＿＿＿＿＿＿＿

學歷：□高中(含)以下　　□高中　　□專科學校　　□大學

　　　□研究所(含)以上 □其他＿＿＿＿＿＿＿

職業：□製造業 □金融業 □資訊業 □軍警 □傳播業 □自由業

　　　□服務業 □公務員 □教職　□學生 □其他＿＿＿＿＿＿

To：114

　台北市內湖區瑞光路 583 巷 25 號 1 樓

　秀威資訊科技股份有限公司　　　收

寄件人姓名：

寄件人地址：□□□

秀威與 BOD

BOD（Books On Demand）是數位出版的大趨勢，秀威資訊率先運用 POD 數位印刷設備來生產書籍，並提供作者全程數位出版服務，致使書籍產銷零庫存，知識傳承不絕版，目前已開闢以下書系：

一、BOD 學術著作—專業論述的閱讀延伸
二、BOD 個人著作—分享生命的心路歷程
三、BOD 旅遊著作—個人深度旅遊文學創作
四、BOD 大陸學者—大陸專業學者學術出版
五、POD 獨家經銷—數位產製的代發行書籍

BOD 秀威網路書店：www.showwe.com.tw
政府出版品網路書店：www.govbooks.com.tw

　　永不絕版的故事・自己寫・永不休止的音符・自己唱